願った以上の未来を手に入れる

1日1つ、
実行するだけ！

365日の宇宙ワーク大全

大木ゆきの
Ohki Yukino

KADOKAWA

Prologue

この世には、
アラジンのランプの魔人より、
もっともっとすごい味方がいるって、
ご存知ですか？

あなたが今、
この本を手にしているということは、
ランプの魔人以上のものに味方になってもらう
秘密の扉を開いたということです。

最強の味方は、この世のすべてを創造し、
この世のすべてを動かし、
この世のすべてに精通しています。

それは、
無限の豊かさであり、
無限の愛であり、
無限の叡智であり、
無限の歓びです。

そして、あなた以上にあなたを理解していて、

どんな時も、無条件にあなたを愛し、
あなたを幸せにするために、常に最善の道に導いてくれます。

さらに、あなたが受け取ることを自分に許可するなら、
思い通りなんてはるかに超えた、
思った以上の幸運を与えてくれます。

それなのに、コンサルタント料も、サービス料も、
情報提供料も、一切ありません。

つまり、

無料なのです。

そんな最強の味方とは、

「宇宙」です。

そんなすごいものを、味方につけないなんて、

もったいなさすぎ！

さあ、これから、宇宙を味方につける扉を開けましょう。

実は私たちは、本質的にそんな宇宙と「ひとつ」なんです。
一度も切り離されたことなんてありません。
宇宙は私たちを創造したと同時に、今もつながっています。
あなたと宇宙は、あなた≦宇宙という関係です。
つまり、あなたにも宇宙の無限性があるんです。

だけど、生まれてくる前に、私たちは一度そのことを忘れることにしました。
「ひとつ」という世界では体験できない、「分離」というものを体験するためです。
「分離」の世界とは、あなたと私がいる世界です。
そして、自分を無限なる存在どころか、頼りなくて、無力で、未熟な存在だと誤解するところからスタートし、様々な人間体験を「楽しみ」「堪能し」、最終的に、無限なる宇宙とひとつだったのだということを思い出す、これ以上ないほど感動するゲームを夢中でやっているんです。

そんなこと言われても、今は全然ピンとこないかもしれませんね。

今は、それで全然構いません。

でもね、あなたの人間体験も、そろそろ最終段階に入っているんですよ。つまり、自分が無限なる宇宙とひとつだったことを思い出すところまできているということ。だから今、この本を手にしているんです。

この本に書いてある３６５のカンタンなワークを１日１つやりながら、あなたは、いよいよその真実に目覚めていくことになるでしょう。そして、「個」としての人間を楽しみながら、宇宙の無限の恩恵を思うままに引き出し、自分史上最高の人生を謳歌するという、新しいフェーズに入っていくでしょう。

宇宙とのつながりを取り戻せるようになったら、もう１人で悩まなくてよくなります。

宇宙がどうすればいいのか、教えてくれますから。

さらに、宇宙にある無限の宝庫、別名「宇宙銀行」から様々な豊かさが流れ込んできます。

ついには時空を超えて、過去や未来に意識を飛ばしたり、高次元の光の存在にアクセスしたりすることもできるでしょう。

「えっ？　そんなことが本当にできるの？」

そう思われるかもしれませんね。

いいことを教えますね。

「できるはずがない」と思う人はできないでしょう。

でも、「できるに違いない」と思って、この本のワークに取り組む人は、きっとできるでしょう。

「何に意識を向けるか、それによって何が実現するかが変わる」

それが宇宙の法則だからです。

この本は3つのステップを踏んで、着実に進めるように構成されています。

各月にそれぞれテーマがあり、1日1ワーク、1か月に30のワーク@12か月で、最後に5つのスペシャルワークがあり、全部で365のワークが収録されています。

つまり1年間の「宇宙とツーカーになるコース」に参加しているのと同じです。

もしも、今、直接お会いして同じコースをやるとしたら、たぶんこの本1冊の料金ではとてもじゃないけど済まないでしょう。

でも地球レベルの大転換期である今、宇宙とひとつであることに目覚めれば、大転換期特有の大きな揺さぶりを、むしろ人生を大好転させることに活用できます。

そして、宇宙の無限の恩恵を1人でも多くの方が受け取れるようになることで、世界はもっと平和で豊かになるでしょう。

そう思ってこの本を創りました。

日々のワークはカンタンなワークがほとんどです。でも続けていくうちにどんどん開かれるように構成されています。

ＳＴＥＰ１の２か月間は、ウォーミングアップ。宇宙とつながりやすい体質に無理なく戻していきます。

次のＳＴＥＰ２の７か月間は、宇宙とつながりやすい状態に戻ったところで、宇宙銀行の様々な豊かさを受け取れるようになるワークをしていきます。

各月ごとに、運の強さ、幸せなお金を豊かに受け取ること、仕事での成功、良好な人間関係、魂の響き合うパートナーとのご縁を深めること、健康維持、充実したプライベートライフの７つのテーマを１つずつ深く掘り下げ、その分野の恩恵を宇宙銀行からふんだんに受け取れるようになるワークをしていきます。

そして最後のＳＴＥＰ３では、いよいよ奥義に入っていきます。

宇宙の力を活用して、真に幸せな人生を現実化させる方法をマスターし、さらに宇宙の叡智を自由に受け取る練習をし、時空を超える練習もしていきます。

さらに、最後の５つのスペシャルワークで、その総仕上げをします。

ワークに取り組むことに慣れてしまえば、ますます楽しくなってきます。なぜならやればやるほど、宇宙の恩恵を受け取れるようになるからです。

そんなモードに切り替わるまで、ＳＴＥＰ１の2か月間のワークを、まずはしっかりやってください。

出版元であるＫＡＤＯＫＡＷＡからは、これらのワークに準拠した特別なノートと、各月ごとのワークのさらに突っ込んだコツやポイント、想定される質問への答え、さらに特典映像などを含めた12か月分の動画も発売されます。

特にノートは活用していただきたいです。やりっぱなしより、ワークを通じて何に気づき、どんな変化があったかを記録していくことで、ワークの効果が何倍にもなるからです。

本当は私も実際にお会いしてコースをやりたかったんですよ。でも今はコロナ禍で、なかなかそうもいきません。お会いできない分、各月ごとに20分程度の動画で、もっと突っ込んだ深い話をしていきたいと思っています。両方活用すれば、本だけとは比べ物にならないくらい深く学べます。
宇宙を味方につけるのとつけないのとでは、大きな開きがあります。
人生の展開が全く違ってくると言っても過言ではありません。
しかも、それは難しいことではありません。ただ、みんなやり方を知らなかっただけなんですよ。この本を活用すれば、「そのやり方」をマスターできます。ぜひしっかりマスターして、宇宙を味方につけ、ミラクル満載の人生に転換してください。

あなたが宇宙とのつながりを取り戻せば、周りの人にもそれが波及し、周りの人をも自由にしていきます。
ですから遠慮などいりません。
どんどん幸せになり、
どんどん豊かになり、
どんどん輝いてください。
それではいよいよワークのスタートです。

2nd month
宇宙とつながる自分との付き合い方……48

STEP 2

宇宙銀行からあらゆる豊かさを引き出す

3rd month

4th month

9th month

人生 人生に楽しみを増やし、ますます宇宙を味方につける……192

STEP 3

宇宙といよいよツーカーになる

Special work

※本書ではコンサートやセミナーへの参加をおススメするワークがあります。ご参加の際は、新型コロナウイルス感染症対策がしっかり取られているか確認して、ご自身でも体調管理と感染予防にご注意ください。

装丁●小口翔平＋大城ひかり（tobufune）　装画●大野舞　本文デザイン●吉村朋子

DTP●G-clef　校正●麦秋アートセンター

本書の見方＆使い方

- 月ごとのテーマにふさわしいワークを、毎月30日分記載しています。月ごとの解説を読み終えたら、1日1ワークやってください。1か月が31日間ある月や30日間に満たない月は、次のワークに進んでいただいて結構です。

- 「宇宙とツーカー」になるようにプログラムしていますので、STEP1～3、「5日間の奇跡のスペシャルワーク」の順番は変えずに行ってください。STEP2（3～9か月目）のワークに限っては、気になる月からスタートしても構いません。また、「5日間の奇跡のスペシャルワーク」は5日間連続して行うことをおススメします。

- ワークをする時は、気楽に、楽しみながらやってください。楽しみながらやること自体が、宇宙の周波数と同調することにもつながります。

- 1日1回、ワークをできなかった場合は、やらなかった自分を責めないことです。忙しくて集中できなかったり、どうしても気分が乗らなかったりすることもあるかもしれません。そういう時は、思い切ってゆっくり休めばいいんです。そしてまたやりたくなったら続きをやる。気長に、焦らず、あなたのペースでやってください。続けていくうちに、やっていると調子がいいと感じるようになり、頼まれなくても続けたくなってきます。

- 昨日やらなかった分、まとめて2日分やろうと思う時もあるかもしれません。内容によってはそれが可能な場合もあります。それはご自身の判断におまかせします。けれども決して無理をして追いつこうとしなくていいです。焦りも宇宙の周波数と同調しない周波数ですから。落ち着いて次のワークから気楽に再開してください。

STEP 1

宇宙と
つながりやすい
体質に戻す

1st
month

宇宙とのつながりを取り戻すベースを作る

ＦＭ宇宙のラジオ放送を聴こうと思ったら、ＦＭ宇宙の周波数に合わせますよね。それと同じように、私たちが宇宙とのつながりを取り戻そうとするなら、宇宙の周波数に合わせればいいんです。

宇宙の周波数は、無限の愛であり、無限の至福であり、無限の歓びであり、無限の豊かさです。

つまり、私たちが楽しくて、快適で、愛にあふれた状態だったら、いつも宇宙の無限の宝庫から、無限の恩恵が流れ込むようになるということ。

ですから最初の月は、宇宙の周波数と同調できるようになるベースを作っていきます。家の中の氣をよくしたり、周波数を整えられる場所に行ったり、できるだけゴキゲンでいられるように、様々な楽しいワークをやっていきます。

だけど、もう1つ、宇宙とつながるためにとても大事なことがあります。

それは、雑念を払って、頭をカラッポにすることです。

私たちの頭の中は、「お金がない」「仕事がうまくいかない」「パートナーができない」「家族のことが心配」……、そんな心配事やどうでもいい雑念でいっぱいです。

心配事でいっぱいなら、宇宙の周波数と合わないばかりか、雑音が多すぎて、せっかく宇宙があなたに何かを教えてくれようとしているのに、聞き取りにくい状態になってしまうんですよ。

それだけではありません。宇宙があなたに、たくさんの素晴らしいものを与えようとしても、受け取る間口が詰まっている状態になるので、受け取れなくなってしまいます。

そんなのもったいないでしょ。

だから、日常的に雑念から離れ、頭をカラッポにする練習をしていきます。

そして、実際に「頭がカラッポってこういう状態なんだ」と実感していただきます。
頭をカラッポにしてみると、あなたはきっと感じます。
なんて気持ちがいいんだろうって。

そうなんですよ。宇宙とのつながりが取り戻されている状態って、とっても気持ちのいい状態なんですよ。できれば、ずっとこのままでいたいと思うほどです。
最初のところで、宇宙の周波数は、無限の愛であり、無限の至福であり、無限の歓びであり、無限の豊かさだというお話をしましたよね。
雑念がはらわれて、頭がカラッポになれば、宇宙の周波数と同調しやすくなるので、そんな至福感を味わうことができて当然なんです。
つまり、宇宙とつながることは、苦痛を伴うことではなく、基本的に今まで以上に気持ちのよい状態になると思っていただいて結構です。
最初にお伝えした通り、あなたは一度も宇宙と離れたことなどありません。
本質的に、宇宙とあなたはひとつです。

ただ単に、私たちが何かと心配しすぎて、宇宙の周波数と合わない状態になっていたり、雑念が多すぎて、せっかくのつながりが活かせない状態になっているだけなんですよ。

まったくつながっていないものを、つなげるのは至難の業だと思います。でも、もともとつながっているわけですから、コツさえ分かれば、そう難しくはありません。

1か月目のワークは、いずれも気楽にできる気分のよくなることばかりです。やりながら、これはとてもいい。今日1日と言わず、毎日やりたいと思ったら、ぜひ続けてください。

無理したり、頑張ったりする必要はありませんが、あなたの気分を快適にすることなら、続ければ続けるほど、ますます宇宙とのつながりがよくなります。

楽しみながら、お気に入りのワークを続けてみてください。

Day 1

朝起きたら、今日も生きていることに感謝する

最初のワークは、実はとても奥の深いワークです。とってもカンタンなんだけど、本質を突いているんです。もしも、「今生きてる」ということに心を込めて感謝できるなら、もうその時点で、あなたは宇宙の周波数と同調するようになります。本書のすべてのワークを終えた時、このワークの深さの意味を知るでしょう。

Day 2

朝、家中の窓を全開にする

家の中の氣がよければ、それだけで宇宙の神聖な周波数とつながりやすくなります。1日家の中で過ごしただけで、目には見えませんが、様々な氣が排泄されています。朝一番に、家中の窓を開けることで、そんな古い氣が出ていき、新鮮な氣が流れ込みます。寒い冬は短時間でもいいのでやってみてください。

Day
3

生まれたての太陽の光を浴びる

コロナ禍で外出自粛が続いた時、太陽の光を浴びないだけで、気分が暗くなりませんでしたか？　太陽の光は私たちの生命力をアップさせ、周波数を上げる力があります。特に朝日。その日、生まれたての太陽の光にはその力が強いです。朝日を浴びられないなら、昼間の太陽光でもOK。晴れの日は5分でもいいので太陽の光を浴びましょう。

Day
4

宇宙に「今日もよろしくね」と言う

宇宙はどんな時もあなたを愛し、導いています。そんな宇宙に対してあなたのほうから挨拶することで、さらにつながりがよくなります。毎朝挨拶することで、自分は宇宙に愛され、導かれているということを再認識することにもなりますし、宇宙からあらゆる豊かさを受け取る準備ができているという意思表示にもなります。

Day 5

洗顔の心地よさに集中する

洗顔する時に、顔につく泡の感触や、それが水で洗い流されていく心地よさに意識を集中してみてください。それだけで頭の中の雑念がはらわれ、スッキリしてきます。目を閉じて座ってやる瞑想という形式にとらわれず、こうした日常の動作に集中することで、宇宙につながる態勢を整えることができます。

Day 6

深呼吸をゆっくり3回する

鼻からゆっくり息を吸って、口からゆっくりと吐く。息の出入りに意識を集中して、3回深呼吸します。それだけで雑念が消え、宇宙とつながる状態になります。3日目で「朝日を浴びる」というワークをやりましたが、朝日を浴びながらやるとさらに効果的です。朝に限らず、心にざわつきを感じる時にやると、それだけで平常心に戻れます。

Day
7

目を閉じて、
ハートに意識を向けてみる

私たちの頭は、四六時中何かを考えています。しかも、どうでもいいことを考えることでかえって気分が落ちてしまったりします。そんな余計な思考がない状態の時、宇宙とつながっている状態に戻れます。今日はハート（魂）に意識を向けて無心になる練習をします。きっとハートの温かさを感じ、とても落ち着くでしょう。

Day
8

背筋を伸ばして氣を通す

背筋が伸びているだけで、宇宙からの神聖な氣が頭頂から背骨を通って流れ込みやすくなります。ですから、今日は自分の背筋を伸ばすということを1日意識してみてください。力を入れる必要はありませんよ。頭のてっぺんから引っ張られているイメージをして、すっとラクに伸ばす。それだけで気分が違うことに気づくでしょう。

Day 9

首をストレッチする

首には一番ネガティブなエネルギーがたまりやすいです。なぜなら、不安や怖れでいっぱいの時は首や肩に力が入ってしまうからです。上下左右、無理のない程度にゆっくりと首の筋肉をストレッチします。そして最後はぐるっと回転させます。これだけでほぐれ、宇宙とのつながりがよくなってきます。気になった時には何度でもどうぞ。

Day 10

無難な服ではなく、好きな服を着る

宇宙の周波数は歓びに満ちあふれています。あなたが歓びに満ちあふれている状態なら、同じ周波数になるので、つながりやすくなるわけですね。ですからお洋服も、あなたが着ていてテンションの上がる、お気に入りの服を着たほうが宇宙とつながりやすくなります。第一、そのほうがあなた自身も輝いて見えますよね。

Day
11

おしゃれすることを楽しんで

宇宙からすれば、あなたはこの世になくてはならないとても大切な人です。だから、あなた自身も自分を大切な存在として扱ったほうが宇宙とつながりやすくなります。飾り立てるという意味ではなく、自分を大切にするという意味で、アクセサリーをつけたり、ヘアスタイルを工夫したりして、美しさを演出することを楽しんでみてください。

Day
12

胸を張って颯爽と歩く

何度も言いますが、宇宙からすれば、あなたはこの世になくてはならない大切な人です。だから堂々としていいのです。カタチから入るということも大事なことです。胸を張って、颯爽と歩いてみてください。それだけでなんだか自信が内側から湧いてきて、この私でいいんだという自己受容もできるようになります。

Day 13

人知れず、小さな親切をする

宇宙は無限の愛に満ちています。だからあなたもあなた以外の人に向かって愛を放てば、やっぱり宇宙とつながりやすくなります。だけど、すごいことをしようとしなくていいんです。家族の靴をそろえるとか、次の人のためにドアを押さえるとか、小さな親切でいい。それだけで、不思議と運がよくなってきます。

Day 14

笑顔で挨拶してみる

笑顔になるのに1円もかかりません。でも笑顔の威力は1円どころではありません。朝、笑顔で職場の人に挨拶するだけで、挨拶された人もちょっとだけ幸せな気分になります。そしてその幸せは巡り巡って、あなたのところに大きくなって返ってくるでしょう。これも宇宙の愛の周波数に同調する素敵な習慣です。

Day
15

できるだけ好きなことからやる

宇宙とつながるには宇宙の周波数に同調させることだと、最初の解説でお伝えしましたよね。だからやらなければならないことを無理にやってテンションを下げるより、先に少しでもいいからやりたいことをやって周波数を上げてしまったほうが、幸運も流れ込みやすくなるし、仕事の効率も実は上がります。

Day
16

さりげなく人を褒めてみる

自己受容が進んでいない時は、人を見るとイヤなところばかり目につきます。逆に、目の前の人の素晴らしさに目を向けてみると、あなた自身の自己受容も進み、宇宙の周波数とも同調しやすくなるんです。さらに、相手の素晴らしさに気づいたら、さりげなく褒めてみる。それによってさらに愛という豊かさも循環します。

Day 17

無心にお茶碗を洗ってみる

5日目の「洗顔の心地よさに集中するワーク」を覚えていますか？　家事も実は宇宙とつながりやすい状態を作る絶好の機会なんですよ。コツは作業に集中するだけ。お茶碗を洗う時も、掃除する時も、お洗濯物を干す時も、ひたすら集中するなら宇宙とつながれる！　忙しい主婦の方にはうれしい習慣ですよね。

Day 18

自然に触れる時間を取る

自然は「ありのままで完全」を体現しています。空が海になろうとしたりしないし、どんな時も宇宙の法則にのっとってあるがままに存在しています。だから自然の中に行くだけで、私たちの周波数も宇宙の周波数に同調するように自動的に整えられます。近所の公園でもいいです。自然に触れる時間を取ってみてください。

Day 19

空を眺める時間を作る

子どもの頃、地面に寝転んで空を眺めたりしたことがあったかもしれませんね。最も身近な自然は空かもしれません。公園の芝生でもいいし、家の床に寝転んで窓の外の空を眺めてもいいです。ただただ無心に、空や雲を見つめてみてください。その途端に宇宙とバッチリつながります。そして不思議な幸福感に包まれます。

Day 20

家の近所に自分だけのパワースポットを作る

パワースポットって、実は身近なところにもあるんですよ。そこに行くだけで気分が晴れ晴れしたり、元気になったりする場所や道ってあるでしょ。そこがあなたのパワースポットなんです。近所をあちこち散歩しながら、そんなあなただけのパワースポットを発見し、周波数が落ちてきたら、そこに行って、元気になってください。

Day 21

家の中にもパワースポットを作る

実は家の中にもパワースポットってあるんです。よくよく注意すると、この場所に来ると元気になるという場所があるはず。ベランダとか、書斎とか、あるいは部屋のとある一角とか。家の中を注意深く歩き回って、そんな場所を探し当て、その場所に水晶を置いたりして、パワースポットとして活用してください。

Day 22

好きな音楽を聴く

要するに、雑念がない状態なら、宇宙とつながっている状態に戻っているわけです。ですから今日は、この音楽を聴くとリラックスできるという音楽を聴いてみてください。CDをかけてもいいし、YouTubeでリラックス、ヒーリングなどのキーワードを入れて、ピンときた音楽を聴いてもいいです。ただただ無心に音楽を聴いてみてください。

Day 23

ゆっくりお風呂に入る

実はバスタイムも、宇宙とつながりやすい時間なんですよ。特に湯船につかっている時って、身も心もほぐれ、無心になれますよね。ですから今日は、好きな入浴剤を入れたりして、少しお湯の温度をぬるめに下げ、ゆっくりバスタイムを楽しんでください。ポイントはただただゆったりすること。それだけです。

Day 24

ほっとする飲み物を飲む

緑茶、コーヒー、紅茶、ハーブティー……。なんでもいいです。今これを飲んだら気分がよさそうだと感じる飲み物を、お気に入りのカップに入れます。そして「洗顔ワーク」の時にやったように、カップが唇に当たる感触、飲み物の香り、喉から胃の中に落ちていく感触などを無心に味わい、くつろいでみてください。

Day 25

ボ〜〜っとする時間を作る

ボ〜〜〜っとするなんて、時間の無駄のように思う方もいらっしゃるかもしれません。でも、現代人にはむしろ必要な時間だと私は思います。頭がカラッポ状態の時ほど宇宙とつながるからです。ここまでやってきたどんな方法でも構いません。それ以外でもいいです。ひたすらボ〜〜〜っとする時間を自分に与えてあげてください。

Day 26

スキンケアを丁寧にする

何度も言いますが、あなたはこの宇宙になくてはならない大切な人です。だからあなたもそんな大切な自分のお肌を、今日はいつもより丁寧にケアしてあげてください。マッサージしてもいいし、パックしてもいいし、なんならエステに行ってもいいですよ。きれいになった上に宇宙とのつながりもよくなる。一挙両得ですね。

1
month

Day
27

1人の時間を作り、自分と対話する

毎日忙しく過ごしていると、自分が本当はどうしたいのか、どういう気持ちなのかを聞いてあげることがおざなりになってしまいます。だから今日は1人になれる時間を作り、自分の本当に感じていることがなんなのか聞いてあげてください。何を思っていようと否定せず、ひたすら聞き役に回る。これもとても大事な自分ケアです。

Day
28

テレビを消して、雑音から離れる

なんとなくテレビを点けっ放しにしているということはありませんか？　テレビから流れてくる音や情報が、実は頭をカラッポにし、宇宙とつながる状態を妨げているんです。役に立つ情報や、元気になれる情報もありますが、1日テレビから離れてみるだけで、頭も心も鎮まり、宇宙とつながる状態を取り戻しやすくなります。

Day 29

スマホを使うのを必要最低限にする

テレビよりも、もっと触れている時間が長いのがスマホや携帯かもしれませんね。電車に乗っていると、8割くらいの人はスマホをいじっていますからね。スマホも実は余計な雑念の元なんです。だから今日1日、スマホは必要最低限にしてみる。そして寝る時には電源も切り、宇宙とつながる時間を取るようにしましょう。

Day 30

「私は無限なる宇宙とひとつです」と唱える

ここまでやってきて、あなたはだいぶ宇宙とのつながりがよくなったと思います。そして頭がカラッポの時に宇宙とつながる感覚も分かってきたと思います。その状態でこのアファメーションをしてみてください。きっと言霊《ことだま》が、あなたに深く浸透し、もともと宇宙とひとつだったことが、理屈を超えたところで理解できるでしょう。

1か月目の振り返り

✦ 思い切り今月の自分を褒めちぎってください ✦

✦ 気づいたことや感想を書きましょう ✦

✦ 毎日続けたいと思うワークや変化をメモしましょう ✦

2nd month

宇宙とつながる自分との付き合い方

宇宙はどんな時も、どんなあなたのことも、無条件に愛しています。
宇宙は、あなたのような存在を創りたくて創ったんです。
宇宙からすれば、あなたは宇宙の最高傑作なんですよ。
とっても大事で、愛おしくてたまらない存在ということ。
だから「ここがダメ！」「これができていない！」「こういう人間にならない限り、認めないよ！」と裁いたり、罰したりしません。
それに、宇宙はあなたに恩恵を与えることに対して、なんの交換条件も出さないし、なんの見返りも求めません。
そんな宇宙の周波数は、あらゆるよきことを合わせたような高い周波数です。

快適さ、気分のよさ、楽しさ、爽快さ、幸福感、歓び、落ち着き、充実感、自由さ、愛、許し、自信などは、すべて宇宙の周波数と同調する、高い周波数です。

いっぽう、自己否定や自分を責めること、罪悪感、恨み、憎しみ、落ち込み、不快感、嫌悪感、消耗、疲労感などはとても重くて低い周波数です。

気分が重くなるとか、気分が高まるという表現がありますが、これは日本語だけでなく英語にもある表現です。私たち人間は、精神状態が発する周波数の高低を知らなくても、敏感に感じ取り、そんな表現を使ってきたのです。

あなたが「こんな自分なんてダメだ」って責めている時は、気分も重くなりますし、テンションも低くなりますよね。まさにその通りで、そういう時にあなたの発している周波数は、低くて重い周波数なんですよ。

逆に、あなたが宇宙と同じように、ありのままの自分を愛し、心から受け入れている時に発している周波数は高くなるわけです。

だけど、私たち人間は、自分に対していろいろダメ出しします。もっとこういう人間にならない限り、幸せになることはできないと信じていたりもします。

1か月目のワークで、宇宙の周波数と同調する状態にすれば、宇宙とのつながりも取り戻され、宇宙から様々な恩恵が流れ込むようになるというお話をしましたよね。

ということは、宇宙があなたを無条件に愛するように、あなたも自分をできる限り、無条件に愛し、大切なものとして扱うならば、周波数も上がり、宇宙とつながりやすくなるということです。

さらには、自分には何か足りないところがあって、そこを埋めない限り完成しないという考え方をやめること。

もともとすべてなるものである宇宙とひとつなわけですから、自分には、必要なものはすべてがあるんだという前提に立つことなんですよ。

たとえまだ三次元上にそれが表れていなかったとしても、関係ありません。

あなたが「もともとすべてある」という前提に立ち、日々その認識を深めていくなら、宇宙の無限の宝庫からあなたに必要なものも、今まで使っていなかった能力も、あらゆる豊かさが流れ込みやすくなります。

私たちは、育ってくる過程で、親や先生にここがダメ、あそこがダメと、否定されることを経験します。

それによって社会に適応できるようにしつけられている側面もありますが、そういう経験を重ねるうちに、自分を不完全で未熟な人間だと思い込んでしまいます。

さらには競争社会の中で、人と自分を比較して優劣を決める価値観にも馴《な》らされ、自分の絶対的な価値も見失ってしまいます。

それもこれも、人間ならではの貴重な体験ではあります。そんな体験を経るからこそ、そもそも自分はありのままで完全だったのだと気づいた時、とてつもなく感動することができるんです。

ですから、自分は足りないところのあるダメ人間なんだと、自己否定することも、大きな目で見れば、必要なプロセスではあります。そういう経験をさせてくれた親や先生も、恨まなくていいんです。

けれども、人生のある時点までくると、真実を思い出すフェーズに進みます。そしてありのままで完全だったことを思い出し、宇宙とのつながりも取り戻し、今度は宇宙との共同創造を楽しむようになるんです。

今、あなたがこの本を手にし、読んでいるということは、あなたが今そのフェーズに進んでいるということです。

どんなに長い間、自分を否定していたとしても、2か月目の日々のワークを進める中で、きっとあなたは徐々に思い出し始めるでしょう。

「そうか！　私って私だからいいんだ。私はありのままで完全だったんだ」って。

2か月目のワークは、自分を責めたり、罰したりするのではなく、どんな自分であろうと、愛して愛して愛し抜く練習をするワークや、自分を大切に扱うワークで構成されています。

最初はまだ自分のことを認められなかったり、許せなかったりするかもしれません。

でも続けていくことで、根深い自己否定のクセも徐々に抜けていくでしょう。
そして生きるのが、とってもラクになってきます。自己愛には、あなたを自由にする大きな力があるのです。
1か月後、きっとあなたははつらつとした笑顔になり、胸を張って輝いているでしょう。

Day 1

朝起きたら、「○○ちゃん愛してるよ。今日も大事にするね」と声をかける

最初のところでお話しした通り、宇宙はあなたを無条件に愛しています。あなたがどういう状況であろうと、愛することをやめません。だからあなたも、○○に自分の名前を入れてこの言葉を愛を込めて自分に言ってください。そして、誰よりも自分自身が自分の最大の理解者になり、応援者でいるという決意を日々新たにしてください。

Day 2

朝起きたら、「私はありのままで完全です」と唱える

自分にはどこかおかしいところや、足りないところがある。もしかするとあなたはずっとそう思ってきたかもしれません。でも真実はそうではありません。あなたは宇宙の最高傑作であり、ありのままで完全な存在だったのです。その真実を浸透させるように、胸の中央に両手を重ね、目を閉じて、魂を込めて唱えてください。

2
month

Day
3

朝起きたら、「私は無限なる宇宙とひとつです」と唱える

あなたは無限なる宇宙から生み出された、無限なる存在です。決してちっぽけで無力な存在ではありません。ただその無限の力も、あなた自身が「ある」と認めなければ表に出ません。ですから、この言葉を魂を込めて唱え、全身に浸透させ、あなたが本来持っている無限なる力を目覚めさせましょう。

Day
4

朝起きたら、「私は必要なものはすべて持っている」と唱える

この言葉もとても大事な言葉です。私たちはどうしても「足りないもの」に意識が向いてしまいます。意識を向けたものが現実化していくのが宇宙の法則ですから、残念ながら、「足りない状態」が現実化します。ですから、この言葉を唱え、無限なる自分には必要なものはすべてあるんだという認識にリセットします。

※1〜4日のワークは毎朝のルーティンにすることをおススメします。

Day 5

「今日まで本当によく生きてきたね」と自分を認める

特別な成果を上げないと、大きな何かを手に入れないと、自分には価値がないように思ってきたかもしれません。でもあなたは今日までいろいろなことがあったのに、よく生きてきました。その生きた軌跡が最大の価値なのです。自分を卑下しそうになった時、ぜひこの言葉を唱えてください。そして自分に誇りを持ってください。

Day 6

1日中、何をやっても自分を褒めまくる

朝起きただけで「今日もちゃんと起きられて素晴らしいね」。朝ご飯を食べただけで「ちゃんと食事が取れて素晴らしい」……。そんなことやって当たり前だと思っている一つひとつを今日は徹底的に褒めてみてください。あなたは自分が想像している以上に、本当によくやっています。そのことに気づいてあげてください。

2
month

Day 7

怒りが湧き上がったら、抑えつけずに受け入れる

腹が立つような人間は未熟な人間だと思っていませんか？いいえ。そんなことはありません。人間だったら誰もが感じる感情です。今日はまず怒りを感じても、「そうか、腹が立ってるんだね」と、そう思う自分を許し、怒りを受け入れてみてください。それだけで落ち着き、宇宙ともつながりやすくなります。

Day 8

嫉妬したら、自分にも同じくらいの力があると信じる

自分にも同じくらいの力があるということに、どこかで気づいているからこそ、人は嫉妬するんです。ただただくやしさや情けなさでいっぱいになるのではなく、本当は自分にもそんな力があるんだという方向に意識を向けてみてください。それによってあなたの無限の力が引き出されます。

Day 9

悲しみでいっぱいの時は、たくさん泣いていい

人は悲しみから逃れたいと思って、別なことで気を紛らわせ、抑圧してしまうことがあります。抑圧するとその悲しみは潜在意識の深いところで膨れ上がり、原因不明の落ち込みにつながり、周波数を下げます。ですから、悲しい時は抑え込まずにいくら泣いてもいいんです。涙とともに解放することが癒しにつながります。

Day 10

辛い時は休む

日本人には頑張り屋さんが多いです。そして、限界まで自分を追い詰めてしまうこともあります。それは想像以上に心身に痛手を与えます。そうなるくらいなら、心でも体でもしんどいと感じる時は、休みましょう。休むことを自分に許可できるようになることで、周波数も高めに安定化しやすくなります。

Day 11

断る勇気を持つ

気の進まないお誘いに無理にのることは、あなたの周波数を下げます。それに、相手に対しても誠実ではありませんよね。だから断ることに罪悪感を持つ必要はありません。正直に、かつシンプルに、自分の気持ちを伝え、断る勇気を持ちましょう。今日はいつもなあなあになっている断るという行為を勇気を持ってやってみてください。

※7〜11日のワークはその日の状況によって前後しても構いません。

Day 12

無理はしない

あなたはそもそもありのままで完全な存在です。だから、できないこともあっていいんです。それも含めて完全ということです。やりたいことなら、なんとしてもやったほうがいいですが、やりたくないことを無理してやる必要はありません。今日はそんな自分に対する無理強いをやめるということをやってみてください。

Day 13

興味のあることは とにかくやってみる

イヤなことや気の進まないことはやらなくていいですが、やりたいと感じることなら、逆になんとしても自分自身のためにやらせてあげてください。やりたいことをやらないことも、あなたの周波数を下げていきます。やることに勇気が必要なこともありますが、それでもやっぱりやりたいことをやると周波数は驚くほど上がります。

Day 14

やると明らかに元気になることは、なるべく毎日やる

たとえば寝る時に好きな香りのアロマを焚《た》くと、それだけでよく眠れ、翌朝元気に起きられると分かっていたとしたら、できるだけ毎日やったほうがいいです。人はたとえやりたくないことでも、やらなければいけないことの優先順位を上げがちですが、そんなことよりこっちを優先する。そのほうが、やはり周波数は高め安定になります。

Day
15

素敵な普段着を着る

あなたは宇宙の最高傑作であり、とても大事な存在です。ですからあなた自身もあなたを大切に扱ってください。それによって宇宙の周波数とも同調し、幸運も雪崩れ込んできます。今日は手始めに、着心地がよく、素敵な普段着を自分に着せてあげてください。それだけで明らかに気分が上がりますよ。

Day
16

お気に入りのスリッパを履く

普段着をバージョンアップさせたら、今度はスリッパです。底が擦り切れていたり、破れたりしているようなスリッパは思い切って捨てる。その代わり、見るだけでテンションが上がるデザインで、履き心地のいいスリッパを履いてください。日頃、スリッパを履かない人も、挑戦してみてください。足元の快適さは想像以上に大事です。

Day 17

着心地のいい下着をつける

せっかく普段着もスリッパも素敵にバージョンアップさせたのに、外からは見えない下着がお構いなしになっていませんか？　実は普段着よりも、スリッパよりも、より体に密着しているのは下着です。その下着がお気に入りのデザインで着心地がいいなら、普段着やスリッパとは比べ物にならないほど自己重要感を上げてくれます。

Day 18

大好きな食器を使う

今度は日常的に使うものにも気を配りましょう。欠けたお茶碗やヒビの入ったお皿は運気を明らかに下げます。大切なあなたにそんな食器で食事をさせるなんてもっての外！　特別に高い食器を使わなくてもいいですから、やっぱりお気に入りのデザインで、それを使うたびにテンションの上がるものに替えましょう。

2
month

Day
19

ベッドリネンを自然素材にする

1日の4分の1以上を占める睡眠を、快適なものにするだけで周波数は高めに安定化し、運気も想像以上に上がります。そのためにはまず、ベッドリネンは寝心地のいいコットンなどの自然素材にしましょう。自然は宇宙の周波数と同調しているので、自然素材もまた、あなたをやさしく癒し、周波数を上げてくれます。

Day
20

パジャマを上質なものにする

ベッドリネンを快適なものにしたら、今度はパジャマもお気に入りのデザインで、着心地のよい自然素材にしましょう。体にベタベタくっつき、皮膚呼吸を妨げる化学繊維は明らかに周波数を下げます。もちろん、擦り切れたり破れたりしているパジャマはもっての外。大事なあなたには、ふさわしくありませんよね。

Day 21

好きな香りのバスグッズにそろえる

お風呂は体の汚れを洗い流すだけでなく、エネルギーの汚れも浄化してくれます。さらに1日の中で最高のリラックスタイムですよね。ですからバスグッズの香りや質にもこだわりましょう。大好きな香りに包まれて、女神気分でバスタイムを楽しめば、文字通り、あなたの女神性も開花するでしょう。

Day 22

高くても
本当に気に入ったものだけを買う

あなたが使うものは、できるだけお気に入りのものにしたほうがいいということは、もうお分かりですね。中途半端な安いものをたくさん買うよりも、たとえ多少値が張っても、質のよいお気に入りのものを長く使う。こっちの路線に切り替えましょう。そして、使うたびにストレスを感じるものは、思い切って捨てましょう。

Day 23

自分にプチプレゼントをする

2 month

今日まで一生懸命に生きてきた自分へのねぎらいとして、自分に何か小さなプレゼントをあげてください。何もモノでなくてもいいんですよ。ほっとする時間をあげてもいいです。とにかく自分を大切にし、ねぎらい、癒し、認める1つのワークとして、自分が歓びそうなプレゼントをあげてください。

Day 24

一流の世界に触れる

あなたはとても大切な人ですから、時には一流のサービスを体験させてあげてください。一流ホテルのラウンジや一流レストランでもいい。高級エステサロンもいいですね。人を大切にするおもてなしとは、どういうものなのか、身を持って体験することで、自分自身の扱い方も変わるでしょう。

Day 25

何をしてもいい1日を作る

一切の「ねばならない」から解放し、1日中できる限り、好きなように過ごす自由を自分に与えてみてください。そうすれば、あなたが本当は何をして、どう生きたいのかも見えてきます。これはとても重要なことです。そんな気づきが起こったら、もちろんさっさとそちらの生き方に転換する一歩を踏み出しましょう。

Day 26

寝る前に、ちょこっと片付けをする

雑然とした部屋は、その乱れた氣が宇宙の周波数と同調しない状態を生み出します。せめて出したものを、元の位置に戻すだけでもいいです。1分程度でできるほんのちょっとの片付けをしましょう。たった1分程度の片付けだったとしても、それだけで氣の乱れを整え運気の下降を食い止めます。

2
month

Day 27

寝る前に、「今日も1日よくやったね」とねぎらう

今日、仕事で何か失敗したとしても、ちょっとがっかりすることがあったとしても、あなたはやっぱり今日1日、精いっぱいやったんですよ。1日の終わりにできなかったことやうまくいかなかったことに意識に向けるのではなく、一生懸命生きた自分を認め、感謝しましょう。それだけで明日の目覚めが変わります。

Day 28

寝る前に、今日出会ったすべての人に感謝する

あなたにとってはちょっとムカついた人も含め、今日出会ったすべての人に、感謝を捧げましょう。感謝はすべての不調和を浄化する力を持っています。今日の不快感を持ち越さないためにも、あなたがいつも愛という最高の周波数を発し、開運していくためにも、今日出会ったすべての人に感謝を捧げましょう。

Day 29

寝る前に、今日あったうれしいことを最低1つ思い浮かべる

寝る前に、うれしかったことに意識を向けるだけで、その日1日がいい日だったと脳にインプットされます。一応うれしかったことを1つ思い浮かべると書いていますが、3つでも4つでもいいです。そうやってうれしかったことを思い出してみると、意外に自分は恵まれているという気づきにもつながります。

Day 30

寝る前に、宇宙に「今日も1日ありがとう」と言う

宇宙はどんな時も、あなたを愛し、導いています。たとえあなたが宇宙に愛や感謝を捧げなくても、宇宙はあなたを見捨てないし、なんの見返りも求めません。あなたにとってこれ以上の偉大な味方はいません。だからあなたのほうから、宇宙に感謝を捧げてください。それによってますます宇宙とつながりやすくなります。

2か月目の振り返り

2
month

✦ 思い切り今月の自分を褒めちぎってください ✦

✦ 気づいたことや感想を書きましょう ✦

✦ 毎日続けたいと思うワークや変化をメモしましょう ✦

STEP 2

宇宙銀行から
あらゆる豊かさを
引き出す

3rd
month

強運

強運体質になる

宇宙は無限なる豊かさの宝庫です。私はその宝庫を「宇宙銀行」と呼んでいます。銀行というと、どうしてもお金がイメージされるかもしれませんが、宇宙銀行は何しろ無限の豊かさの宝庫です。お金はもちろん、成功のチャンス、出会い、良縁、健康、人生を豊かにする楽しみなど、ありとあらゆる豊かさが無限にあります。

そしてその無限の豊かさを、私たちは引き出し、活用することができます。

ＳＴＥＰ１のワークで宇宙とつながるベースができたところで、ＳＴＥＰ２では、そんな宇宙銀行の無限の宝庫から、様々な豊かさを引き出せるようになるワークを、分野別にやっていきます。

今月は、強運がテーマ。

運という言葉をよく聞きますが、運とは、いったいなんなのでしょうか？

こちらではコントロールすることのできない、天の采配のことなのでしょうか？

もしそうだとしたら、強運になんて、なりようがないですよね。こちらではコントロールできないわけだから。

けれども、宇宙からの恩恵が流れ込みやすい状態にすることならできるんですよ。

その状態であるなら、人から見れば、何かとツイていることが多くて、頑張っていないのに、なぜかうまくいってしまう強運な人のように見えるでしょう。

STEP1でも、そのベースとなることはやってきましたが、ここではさらにそれを深めていきます。

いくら宇宙銀行に無限の豊かさがあっても、あなたに受け取る余地がなければ、受け取ることはできませんよね。それに、家の中が邪気だらけでも、宇宙の周波数と合わなくなってしまいます。

ですから、今月は、まず前半で家の中や、体の中の邪気を祓《はら》うワークをします。

受け取るスペースができたところで、後半は「強運な人」の意識になるワークをしていきます。

強運な人は、基本的に、自分のことを運がいいと思っています。

そして、どんなことが起こっても、すべてを自分の幸せにつなげる思考回路を持っています。なので、人から見れば、一見不運と思われるようなことが起こっても、それを機に、さらに大きく飛躍することも珍しくありません。

さらに、周りの人たちが、どんなに運気の下がるような行動を取っていても、それには毅然として同調しません。そんな意志の強さも持っています。

いきなりそんなふうに意識を転換できるのだろうかと不安に思われる方もいるかもしれませんね。

でもね、あなたはこれからこれらのワークを日々、一つひとつ実際にやっていくんです。頭の中で、心がけるだけで終わりません。行動を積み重ねていくことで、明らかにあなたの意識は変わっていきます。

強運な人の意識の向きや考え方になっていくように、言霊の力や信念の力も活用していきます。

たとえば、「私は強運だ」という言霊を唱えるとして、ただなんとなく、口先だけで言うのと、魂を込めて、全身全霊に浸透させる意図を持って唱えるのとでは、全然違います。

あなたが魂を込めて唱える時、言霊に命が吹き込まれ、文字通り、言葉に神霊が宿り、効力を発揮するのです。

思うだけのふわっとした状態と、強く信じるエネルギーの凝縮した状態の違いも、実際にやりながら実感してみてください。

同時に、小さな運のよさも見逃さず、宇宙に感謝してください。それによってますます強運体質になっていきます。

Day 1

トイレをきれいにする

家の中で排泄を行うトイレがきれいだと、悪運や穢《けが》れが祓《はら》われます。それによって運気がよい状態に保たれます。風水でもトイレ掃除は開運の基本中の基本です。私はそのことを知りませんでしたが、体験的にトイレ掃除が開運につながっていることを実感しています。今日1日ではなく、できれば毎日やったほうがいいです。

Day 2

キッチンのシンクをピカピカにする

家の中でトイレ以上に雑菌が繁殖しやすいのは、実はキッチンのシンクなんです。一見きれいそうに見えますが、排水溝はもちろん、シンクの隅のほうにカビがこびりついていることもあります。このシンクをきれいに保つことも、悪運や穢《けが》れを祓うことにつながります。ピカピカにすることで邪気を跳ね返す効果もあります。

Day 3

お風呂の排水溝をきれいにする

お風呂の排水溝もきれいにしたほうがもちろんいいです。ずっと放置しておくと、触るのがイヤになるほどドロドロになりますが、毎回お風呂から上がる時に髪の毛を取り、ササっと洗い流すだけなら、1分もかかりません。これももちろん開運の基本です。続けることで明らかに運気がよくなります。

Day 4

窓をピカピカに拭く

太陽の光が射す家は、太陽の力によって浄化され、周波数の高い氣で満たされます。ですから光を通す窓を拭いて、太陽がいっぱい入ってくるようにしましょう。窓がきれいなだけで、氣がよくなるだけでなく、あなた自身の気分まで明るくなりますよ。あなたの気分がいいなら、やっぱり幸運に恵まれやすくもなります。

Day 5

30分早く起きて、30分早く寝る

朝、早く起きることで、1日の始まりのルーティンが余裕を持ってできます。その余裕がその日1日の心の余裕にもつながり、落ち着いて仕事ができ、仕事の効率も上げます。さらに人にもやさしく接することができます。そうなったら、もちろん宇宙の周波数と同調しやすくなるので、開運して当然なんです。

Day 6

体のコリをほぐす

不安や怖れが強かったり、やりたくないことを無理にしてやっていたりすると、体が身構えてこわばるので、コリが生じやすくなります。そしてそのコリの部分に、邪気もたまりやすくなります。ですから、お風呂に入りながら凝った部分をやさしくほぐしたり、軽くストレッチするなどしてあげると、邪気も祓われます。

3
month
強運

Day 7

気軽に近所を散歩する

ずっと家の中にばかりいて、全然動かずにいると、運気そのものも停滞してきます。そんな時は外に出て散歩することをおススメします。外に出たり、体を動かしたりすることは、停滞している運気を打破する作用があるからです。ですから、気軽に近所を散歩してみてください。1か月目で見つけた近所のパワースポットに行くのもいいですね。

Day 8

1日に1回、小さな楽しみを自分に与える

宇宙の周波数は、愛と歓びと至福の周波数です。そんな周波数に合わせることで、宇宙の無限の豊かさが流れ込みやすくなります。ですから、周波数を高めに安定化させるためにも、1日に1回、これをすると明らかに周波数が上がると感じる楽しみを自分に与えることは大事です。忙しい時ほどやったほうがいいです。

Day 9

「私は強運だ」と唱える

人間はまだ起こってもないことを不安に思う生き物です。そして一度不安になるとそっちにばかり意識が向いてしまいます。そうやって運気を下げる前に、この言霊の力を活用しましょう。「私は強運だ」と、何度も魂を込めて唱えているうちに、それが潜在意識にまで浸透し、本当に強運になっていきます。

Day 10

「私はまだまだまだまだ開かれる」と唱える

あなたは無限なる宇宙と、本来ひとつの存在です。つまり、あなたにはまだまだ開かれていない可能性があるということ。その可能性を自分は開く用意があるんだという決意を宇宙に伝える意味でも、自分にはまだまだたくさんの力があるんだということを忘れないためにも、この言霊を活用してください。

Day
11

何が起こっても、すべてうまく いっているという前提に立つ

3 month 強運

その時は不運に思えることが、実は後から自分を大きく飛躍させることにつながったということが、あなたにもありますよね。そうです、どんな出来事も実はあなたを開運させることにつながっているんです。うまくいっていないように見えることも、実はうまくいっている。このスタンスでいる限り、開運し続けられるのです。

Day
12

どんな時も宇宙に 導かれていると信頼する

宇宙はこの世界のすべてを生み出した創造主でもあります。つまり最高最善最強の力を持っています。あなたもそんな宇宙から生み出された尊い存在。1人ぼっちの頼りない存在ではありません。宇宙はあなたをどんな時も導いてくれています。そのことを信頼するなら、ますます宇宙の恩恵を受け取れます。

Day 13

損得を脇に置く

損得は、エゴの価値観です。エゴにとらわれると雑念で頭がいっぱいになり、何が本当に大切なことなのか分からなくなってしまいます。それが結果として幸運を遠ざけることにつながります。ですから、損か得かにとらわれそうになったら、一旦それを脇に置くということを心がけると、宇宙とつながりやすくなります。

Day 14

迷ったら、行動する

もちろん、明らかにやる必要のないことや気が進まないことをやる必要はありません。でも心のどこかで損得が引っかかり、迷うことってありますよね。そういう時はとりあえずやってみる。やってみることで新しい経験もでき、運気も活性化します。新しい経験をすること自体が開運につながっているんです。

Day 15

「好き」を基準にする

宇宙と直結している魂は、論理を超えた感覚を通して、あなたに何が必要なのかを教えてくれます。だから損得ではなく、「好きかどうか」を基準に選んだほうが、むしろ選択を誤らないんです。単純に好きかどうか。これは意外に当てになる判断基準なんです。今日1日好きを基準に選択してみてください。

Day 16

理屈より感覚を優先する

魂は感覚を通して、あなたに何が必要か教えてくれると15日目でもお伝えしましたよね。ですから理屈ではなく、なんとなくイヤな感じがすることや、なんとなくフィットするという感覚を信じて従ってみてください。その選択が、あとになって、やっぱりそれで正しかったと気づくことも多いです。

Day 17

不運なことが起こったら「厄が落ちた」と思う

財布を落としたり、スマホが故障したり、生きていれば、不運に思えることも起こります。でもそういう時に、自分はツイていないという方向に意識を向けるのではなく、即座にそれによって大難が小難で済み、厄が落ちたと思いましょう。そう思うなら、それを機にあなたの運気はますますよくなっていきます。

Day 18

失敗したら、そこから学び、さらに成長する

成功者に共通することは、失敗を経験しているということと、その失敗から学んでいるということです。よく言われることですが、その意味では失敗は成功するための経験に過ぎません。これは真実です。だから失敗を怖れることはありません。うまくいかないことがあっても、そこから学ぶことを忘れなければいいだけです。

Day
19

人の幸せを歓ぶ

宇宙に対して、あなたが歓びや愛の周波数を発するなら、愛や歓びが現実化していくのが宇宙の法則です。だから人に何かうれしいことがあったら、まるでそれが自分に起こっているかのように歓びましょう。そうすれば、歓びの周波数が宇宙に放たれ、あなたにもそんなうれしいことが起こりやすくなります。

Day
20

目の前に幸運な人が現れたら、自分もそうなれると信じる

素晴らしい幸運を受け取った人が目の前に現れたということは、宇宙からの、あなたもそれだけの幸運を受け取れますよというお知らせでもあるんです。ですから、人の幸運を他人事だと思わないでください。自分の幸運につながることだととらえていいんです。うらやましがってる場合じゃありませんよ(笑)。

Day 21

人から学ぶ時は、徹底的に学ぶ

これは13日目の「損得を脇に置く」ことと関係していることですが、一旦学ぶと決めたなら、疑ったり、試したりせずに、徹底的に学んだほうがいいです。そうすればその人から早く深く学べ、かつ早く卒業でき、早く成長できます。相手に完璧を求める必要はありません。常に大事なのはどう学ぶかという姿勢です。

Day 22

興味のあることは、どんどん追求する

興味が湧くということは、魂が望んでいるというサインでもあります。魂の望むことは開運につながることです。ですから少しでも興味が湧いたら、どんどんその興味を追求する。追求した結果、もっと別なことに興味が湧いたなら、躊躇せず、別な興味を追求する。そうやってどんどん進んでいっていいんです。

Day
23

できるだけ愚痴を言わない

愚痴は非常に低い周波数です。なぜなら意識が思いっ切りネガティブな方向に向いているし、自分にはそれを超えられるだけの力がありませんと宇宙に向かって宣言しているようなものだからです。笑い話にして吐き出す分にはいいのですが、自分自身のためにも、愚痴を言わないほうが運気はよくなります。

Day
24

できるだけ悪口を言わない

悪口も愚痴と同様、とても低い周波数です。私たちは本質的にひとつですから、誰かの悪口を言うということは、周波数的に見るなら、自分自身をおとしめているのと同じことになってしまいます。それはとてもバカらしいことですよね。大切なあなたの運気を上げるためにも、悪口という罠に注意しましょう。

Day 25

人を大切にする

これは自分をすり減らし、人の期待に応えることとは別のことです。私たちは本来ひとつであり、相手はある意味あなたの分身でもあるのです。だから自分を大切にするように、相手のことも大切にする。相手が励まされたり、癒されたり、幸せになるような関わり方をすると、やはりあなたにも幸運が巡ってきやすくなるんです。

Day 26

自分との約束を守る

小さなことでも、やると決めたことをやり続けると、自分に対する信頼感、つまり自信がつきます。自分を信頼できるなら、自己価値も上がります。自己価値が上がれば、周波数も上がるので、宇宙から幸運も流れ込みやすくなります。特に魂が望んでいることなら、自分との約束を守れば、ますます開運していきます。

Day 27

何かやる時は「絶対にうまくいく」と信じる

意識をどちらに向けるかで、その先に起こることが変わります。うまくいくと思えばうまくいきやすいし、うまくいかないと思えば、うまくいくものもうまくいかなくなります。ですから何かやろうとしているなら、先に「絶対うまくいく」という方向に意識を向けてしまえばいいのです。そんな習慣を身につけてください。

Day 28

「私ならできる」と信じる

27日目と同様に、今までやったことのないことに挑戦しようとする時には、最初から「私ならできる」という方向に意識を向けてしまうんです。そこにいかなる根拠も必要ありません。できない可能性は注意事項だととらえればいいです。自分が何を信じ、どういう方向に意識を向けているかが、常に開運のカギを握っています。

Day 29

「魂の望みは実現する」と信じる

大きな夢を持って構いません。自分はこの程度だと小さくまとまる必要もありません。また、魂が望んでもない大風呂敷を広げる必要もありません。あなたの魂の望む、真の幸せを追求していいし、それはそもそも宇宙の望みでもあるので、実現するようにできています。そのことを信頼していいのです。

Day 30

人は人、自分は自分でいく

あなたが自分らしく、魂に従って生きると、人とは違った生き方をすることになるでしょう。個性のエッジも立ってくるでしょう。でもそれでいいんです。みんなそれぞれに違うほうが自然な姿ですから。あなたが自分らしく生きることは、他の人に、自分らしく生きる勇気を与えることになります。だから「自分は自分」を貫いていいんです。

3か月目の振り返り

✳ 思い切り今月の自分を褒めちぎってください ✳

✳ 気づいたことや感想を書きましょう ✳

✳ 毎日続けたいと思うワークや変化をメモしましょう ✳

4th
month

お金

幸せなお金を豊かに受け取る

もしかすると、「豊かさ」という言葉を聞いて、最初にイメージするのは、この「お金」かもしれませんね。

人は、お金がたくさんあれば幸せになれると、「お金がない時ほど」思うものです。

でもね、お金がたくさんあるからといって、必ずしも幸せになれるとは限らないんですよ。いくらお金があっても、お金に振り回され、お金を稼ぐために休む間もないほど働き、身も心もボロボロになってしまうことだってありますから。

お金持ちになるのだとしたら、まるでお金の奴隷のような不幸なお金持ちではなく、幸せなお金持ちになったほうがいいですよね。

今月は、そんな幸せなお金持ちになるための基盤を作るワークをやっていきます。

まず、自分は宇宙銀行から無限の豊かさを引き出せるんだ、という認識をしっかり持てるようになるワークをします。
次に、家の中にある、貧乏波動を発しているものを捨てたり、浄化したりして、お金を受け取れる環境に整えていきます。やってみれば、その意外なほどのスッキリ感に驚くと思います。環境が整うだけでなく、気分も明るくなり、ますます宇宙の周波数とも同調できるようになります。

人はどうしても「足りないもの」に意識が向きがちです。強く意識を向けたものが現実化するのが宇宙の法則ですから、残念ながら、「足りない状態」が現実化し続けます。だから、「お金がない、お金がない」と愚痴ってばかりいる人は、ますますお金に縁遠くなってしまうんです。
つまり、お金にとらわれればとらわれるほど、逆にお金が遠ざかるという、皮肉な結果になってしまうということ。
ということは、逆にお金にとらわれず、不足ではなく、「今手にしているもの」「今あるもの」に意識を向け、さらに感謝していけば、お金も入ってくるようになるということなんですよね。ですから、「ある」ことに意識を向け、あるものに感謝するというワークをやっていきます。

このワークをする時には、やせ我慢して、しかたなく感謝するのではなく、本当にありがたいなあ、幸せだなあと心から思ってやってみてください。

心を込めることで、あなたの発する周波数は「こんなにも恵まれている」という豊かさの周波数になり、宇宙銀行に無限にある豊かさという恩恵も、ますます流れ込みやすくなってきます。

さらに、今受け取っている幸せやお金を循環させていきます。それによって受け取るお金にも弾みをつけていくのです。こうして、しっかりとお金を受け取れる体質に変わったところで、いよいよあなたが受け取る年収を自分で決めます。

自分にはいくら受け取るだけの価値があると思いますか？

今のあなたに必要な年収がいくらかということではありませんよ。

正直なところ、自分が受け取れる年収はいくらくらいだって思っているかということです。

あなたが、あなたの素晴らしさをどのくらい認めているかによって、金額も変わってくるでしょう。

自分1人のために生きるのか、たくさんの人の幸せにつながる生き方をしようとするのかによっても、違ってくるでしょう。

多ければ多いほど、いいというものでもありません。

あなたは幸せなお金持ちになろうとしているんです。

だとしたらいくらの年収がふさわしいのかを決めます。

1か月、様々なワークをやりながら、あなたにとっての正解を出してください。

私も以前、そうやって自分の年収を決めていました。自己受容が進み、価値が上がり、「ある」に意識が自然に向くようになり、必要な行動も取っているなら、本当に決めた年収を受け取ることができるようになってきますよ。

Day 1

「宇宙銀行の口座には、無限の豊かさがある」と信じる

私たちは無限なる宇宙とひとつです。つまり、あなた≦宇宙という関係なのです。ですから、目に見えなくても、宇宙銀行のあなたの口座には、うなるほどの無限の豊かさがあふれています。つまり、あなたには足りないものなどありません。あなたがその真実を心から信頼する時、宇宙銀行にアクセスできる状態になります。

Day 2

「私は宇宙銀行からあらゆる豊かさを引き出せる」と信じる

宇宙には無限の豊かさがあり、あなたがその豊かさを受け取ることができるのだとしたら、お金に限らず、チャンスも出会いも、愛も、歓びも、健康も、あらゆる豊かさを受け取ることができるということです。ただ口座があるというだけではなく、自分はそれを引き出せるのだということを信頼してください。

4
month
お金

Day
3

バッグの中を整理する

宇宙の豊かさの周波数は、雑然とした周波数とは全く合いません。必要なものだけが整理整頓されている時、空いているスペースに無限の豊かさが流れ込んでくるのです。なので、まずは手始めに、バッグの中を整理しましょう。使わないものは出し、必要なものをすぐに取り出せるように整理しましょう。

Day
4

何かを出して使ったら、元の場所に戻すことを習慣づける

宇宙の無限の豊かさの周波数に同調するためには、家の中も整理整頓されていたほうがいいです。いきなり断捨離できなくても、少なくとも、何か出したら、元の場所にしまうということを心がけましょう。それだけで、出しっぱなしの散らかりっぱなしから卒業でき、豊かさを受け取るスペースも広がります。

Day 5

冷蔵庫の中の賞味期限切れのものを捨てる

豊かさを受け取るには、豊かさと周波数の合わないものを捨てることです。そういうものが家の中にたくさん詰まっていると、豊かさが流れ込まないどころか、貧乏神と周波数が合ってしまいます。ですから今日は、冷蔵庫の中にある賞味期限切れの保存食品を全部捨てましょう。それだけで豊かさの周波数に同調しますよ。

Day 6

古くなった服を3着捨てる

今日は服のミニ断捨離をしましょう。古い服や傷んでいる服は捨て、テンションが上がらない服やサイズの合わなくなった服などは、ネットで売ったり、フリマに出したり、人に譲ってもいいと思います。全部断捨離できなくても、3枚は捨ててみてください。それだけでも豊かさが流れ込みやすくなります。

Day
7

履き古した靴を1足捨てる

靴も履いていないと、新品でも劣化します。よく履いている靴も、じっくり見てみると、かかとがかなり擦り減っていたり、傷がついていたりします。一度、家の靴箱を開けて、これはもう履かないと思った靴や傷んでいる靴を最低1足は捨ててみてください。ついでに靴箱自体もきれいにすると尚いいですね。

Day
8

カーテンを洗う

家の中の邪気は布製品に染み込みます。そんな布製品の中でも一番大きなものはカーテンです。今日は思い切ってカーテンを洗いましょう。家で洗濯できないならクリーニングに出してもいいです。カーテンがきれいになるだけで、家の氣は大幅によくなります。ぜひその爽快感を味わってみてください。

Day 9

ベッドリネンを洗う

人は寝ている間に、氣の新陳代謝を行います。目に見えなくても、シーツやカバーなどに、その古い氣が染み込みます。ですから、ベッドリネンはせめて1週間に1度はお洗濯したほうがいいです。洗い立てのベッドリネンは気持ちがよく、質のよい睡眠にもつながり、金運だけでなく健康運もアップします。

Day 10

1年以上経ったお守りは神社で処分する

最近は神社がブームになり、あちこち行ってはお守りを買ってくるという方もいらっしゃるでしょう。だけど、お守りの有効期限はだいたい1年。それ以前にやたらとお守りが多いという状態自体が周波数の混乱状態を招きます。ですから、せめて1年以上経っているお守りは近所の神社の古神札納め所に納めましょう。

Day 11

見切り品は買わない

賞味期限が迫っている商品や、傷みかけた野菜などが見切り品コーナーに山積みされていることがありますよね。残念ながら、そういう場所には貧乏神がいます。質の悪いものを安いからという理由で買うことは、お得ではありません。貧しさの周波数に同調することになるので、買わないほうがいいのです。

Day 12

品質のいいものを買う

スーパーの企業努力によって、品質のいいものが特売になっていることがあります。そういうものは買っても大丈夫です。大事なのは品質と価格のバランスです。余計なものを買うのをやめて、多少値が張っても品質のいいものを買ったほうが、豊かさの周波数と同調し、豊かさも流れ込みやすくなります。

Day 13

お金に対するネガティブな思い込みを、3つはっきりさせる

お金が欲しい欲しいと言いながら、深いところでは、お金を汚いものだと思っていたり、大変な思いをしないと、お金を稼げないと思っていたりします。その思い込みがお金の縁遠さにつながってしまいます。自分にはお金に対してどんなネガティブな思い込みがあるか、今日は自分とよく対話してはっきりさせましょう。

Day 14

お金に対するネガティブな思い込みを宇宙に浄化してもらう

13日目のワークではっきりさせたお金に対するネガティブな思い込み。それを今日は宇宙に浄化してもらいましょう。やり方はカンタンです。夜寝る前に、「寝ている間に、私の全身全霊に染みついたお金に対するネガティブな思い込みを浄化しておいて」と宇宙に指示を出すだけです。宇宙は歓んで浄化してくれます。

Day 15

テンションの上がる財布を使う

私が経験的に金運アップにつながると感じる財布は、取り出すたびにテンションの上がる財布です。テンションが上がれば周波数も上がります。周波数が上がれば、当然宇宙の豊かさの周波数とも同調しやすくなります。もしテンションの上がらない財布なら、思い切って買い替えてください。

Day 16

「ご飯が食べられて幸せ、ありがとう」と言う

「ない」「足りない」に意識が向いてしまうと、意識が向いたことが実現してしまうのが宇宙の法則ですから、「足りない」状態が現実化してしまいます。ということは、逆に「ある」「ありがたい」に意識を向ければ、豊かさがどんどん現実化していくということ。ですから今日は、ご飯が食べられることに心から感謝してみてください。

Day 17

「屋根のある家で暮らせて幸せ、ありがとう」と言う

次は住める家があることに感謝しましょう。たとえ築50年の家であっても、狭い家であっても、屋根と壁があって、雨風がしのげるだけでもすごいことですよ。もしも、家がなくて外で寝なくてはならないなら、どんなにつらいことか。そのありがたみを心から感じることで、住まいという豊かさを受け取る間口も開きます。

Day 18

「お風呂に入れて幸せ、ありがとう」と言う

お風呂にも、入るたびに感謝しましょう。実際、入浴タイムは1日の中でも最高のリラックスタイムですよね。体を清潔に保てるだけでなく、心もゆったり安らげる。そんなお風呂に入れてやっぱり幸せですよね。「入れて当たり前」から、「入れてありがとう」に転換するだけで豊かさの周波数と同調しやすくなります。

Day 19

「ちゃんと布団で寝られて幸せ、ありがとう」と言う

もしも天災で避難所暮らしをすることになったら、暖かい布団ではなく、毛布1枚にくるまることしかできないかもしれません。そう思うと、こうして今日もちゃんと快適な布団で寝られることは幸運なことです。感謝してから寝ることで、寝ている間に周波数も整えられ、豊かさが流れ込んできやすくなります。

Day 20

「自分にできる仕事があって幸せ、ありがとう」と言う

できる仕事があるということは、本当にありがたいことです。あなたのやったことに対してお金を払ってくれる人がいるなんて、すごいことですよ。あなたが仕事に感謝するなら、実は金運だけでなく仕事運も上がります。今、無職だったとしても自分を必要としてくれる仕事は必ずあると信じて、先に感謝すると、いい仕事に恵まれやすくなります。

Day 21

すでに受け取っている豊かさに感謝する

ここまで日常生活の中で、すでに受け取っている豊かさに意識を向け、感謝してきました。けれどもあなたはまだまだ多くの豊かさを受け取っています。空気だって無料で吸わせてもらってますよね。そういう忘れている豊かさに、今日は1日意識を向けてください。驚くほど豊かさを受け取っていることに気づくでしょう。

Day 22

実は、ちゃんと生活できていることに気づく

今現在は高収入ではなかったとしても、なんだかんだ言って、ちゃんと生活できていませんか？　うまくいかないことではなく、ちゃんと生活できていることに意識を向け、そうやって生活できている自分にも感謝しましょう。「よくやっているね」って褒めましょう。その意識の向きが豊かさを受け取れる意識の向きなんですよ。

Day
23

道端の花を見て、「かわいいね」と目を細めてみる

実は、私たちは、無料でたくさんのものをこの世界から受け取っています。花屋さんに行かなくても、道端にかわいらしいお花が咲いていたりします。よ〜〜く見てみると、花びらのデザインや色、葉っぱのカタチが素晴らしい芸術作品だと気づきます。そんなこの世界の美に気づき感動することも豊かさなんですよ。

Day
24

お金をかけずに気分のよくなることをする

道端の花の美しさに感動することには、お金なんてかかりません。公園の木陰で風に吹かれることも無料です。お金がないから人生を楽しめないと思う人には豊かさは流れ込みません。無料で世界から提供されている豊かさや美しさに感動する人は本物の豊かさの周波数を発するからこそ、豊かさが流れ込んでくるのです。

Day 25

「ああ、幸せ」を口グセにする

この言霊は想像以上に強力です。今試しに、心を込めて口に出して言ってみてください。それだけで胸いっぱいにやさしい幸福感が広がります。だから幸せを感じる時はもちろんのこと、そうではない時も、口に出して言ってみる。そうすればそれだけであなたの周波数は宇宙の無限の豊かさの周波数と同調します。

Day 26

募金する

たとえ少額でも、被災者などに募金することは、幸せな豊かさを循環させることにつながります。募金は、自分自身の豊かさをキープするためにやったほうがいいと言われることもあります。でも実は、見返りなど期待せずに募金したほうが、豊かさの周波数は上がります。ですから純粋に真心から募金してみてください。

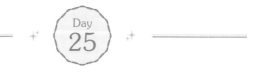

Day 27

自分は値段をつけられないほど貴重な存在であると認める

人間の命は値段をつけられないほど尊いものです。能力や財産以前に、あなたという人がこの世に存在し、そこに命が宿っているということが、とてつもない奇跡です。あなたが自分にそれだけ価値があると認めるなら、その価値にふさわしい豊かさが流れ込んできます。尊い自己価値をしっかり認めてあげてください。

Day 28

人に譲る余裕を持つ

奪われまいと、閉ざしてしまうことで、宇宙の無限の豊かさを受け取る間口がギュッと閉まってしまいます。むしろ人と分かち合ったり、譲ったりする余裕を持つ時に、あなたは真の豊かさの周波数を発し、受け取る間口も大きく開きます。少しだけ心に余裕を持って、今日は譲ることを心がけてみてください。

Day 29

自分の年収を決める

あなたが自分の価値を認めれば、それに見合った豊かさを受け取ることができます。だとしたら、あなたは自分にどのくらいの年収がふさわしいと思いますか？　もしかして、ずいぶん安く見積もっていませんか？　だとしたら、27日目のワークに戻り、そんな自分にふさわしい年収を決めて、宇宙に受け取ると宣言してください。

Day 30

「想像を超えるような豊かさも受け取ります」と宇宙に宣言する

29日目のワークでは自分の年収を決めてみました。実はさらにその上もあるんです。それは上限を決めないということ。あなたにとって最高最善の想像を超える豊かさを受け取っていいと、自分に許可し、宇宙に宣言するなら、そして、あなたが歓びとともに生きているなら、宇宙は想像を超える豊かさを放り込んでくれます。

4か月目の振り返り

思い切り今月の自分を褒めちぎってください

気づいたことや感想を書きましょう

毎日続けたいと思うワークや変化をメモしましょう

4
month
お金

5th month

仕事

幸せな成功者体質になる

仕事で成功するには、ものすごく頑張らないといけないと教えられてきたかもしれませんね。でも、本当は無理して頑張るのが、一番よくないし、続きません。
実は、幸せな成功者になるには、誰でもできる、ほんのちょっとしたことを、日々心がけるかどうかなんです。

今月は、そんな仕事で成功することにつながる「ほんのちょっとの心がけ」をワークにしました。
好きなことを仕事にして、成功したいと思う人も多いと思います。けれども、自分には何が好きなことなのかわからないという人もいれば、無職の方もいますよね。そんな方も、ここで紹介するワークをしていくことで、成功ルートに乗ることができるようになるでしょう。

そして、好きなことが明確になって、就職できたり、転職したり、起業したりすることになったとしても、ここで培った仕事と向き合う姿勢が、必ず役に立ちます。

ですから、焦らずに、楽しみながら、１か月間ワークをやってみてください。

最初は、仕事環境の整備からです。仕事をやりやすい快適な環境にするだけで、仕事のスキルもパフォーマンスも上がります。ですから、この環境整備にはこだわったほうがいいのです。

次は職場で触れ合う人への心配りです。仕事上の悩みって、実は仕事内容よりも、職場の人間関係であることが多いです。

つまり、職場の人間関係が良好であるなら、あなたは自分の仕事にもっと集中できるし、同僚や上司にも助けてもらいやすくなります。

かといって、わざとらしいお世辞を言うような、あざといことを奨励しているのではありません。誠意と感謝を込めた態度で接するだけです。これもそんなに難しく考えないでください。やろうと思えば、できることです。

仕事環境を整備し、人間関係にも配慮できたら、次はいよいよ仕事への実践的な取り組みに関わるワークに入っていきます。

どんな仕事だろうと、その中に楽しみを見つけ、集中し、建設的に取り組める人は必ず成功します。今、勤めている会社で、仮に評価されなくとも、そういう人は社会に必要とされますから、宇宙が活躍の場を与えてくれます。

そしてもちろん、最終的にはお金だって流れ込んでくるでしょう。

今月のワークの最初に「仕事の極意メモ」を作るというのが出てきます。

これは、仕事を通して学んだこと、気づいたことを、忘れないうちにメモするためのものです。これは単なる業務内容のメモや連絡事項を記入するためのものではありません。こういう工夫をすれば、仕事がもっとうまくいくというコツや気づきをメモするためのものです。

職場で会うすべての人を、今月は先生だと思ってみてください。上司や同僚だけでなく、部下や取引先の人、お客様からも、学べることは、なんでも貪欲に学ぼう。そんな姿勢で1か月間取り組んでみてください。

経営の神様といわれたパナソニックの創業者、松下幸之助さんは、そんな姿勢を大切にした人でした。仕事で触れ合うすべての人から、なんでも謙虚に学びました。だからこそ、松下さんは経営の神様といわれるようになったのだと思います。

批判をすることはカンタンです。でも、そんなことしているヒマがあったら、尊敬するところや学べることを探すことのほうが、ずっとあなたの成功の役に立つ。

会社に対して不満がある人ほど、気持ちを切り替えてやってみてください。きっと1か月後には、別人のようになっているでしょう。

なお、主婦の方は家事を仕事ととらえてみてください。無職の方は、日常の作業を仕事だととらえ、身近な人を同僚だととらえてみてください。仕事の極意は、コンビニの店員さんなど、日常で触れ合う人たちからも十分学べます。

Day
1

仕事の極意メモを作る

職場は、お金がもらえる上に、様々な知識や技術が身につけられる場でもあります。職場で学ぶ姿勢を持つなら、何倍も成功する確率が上がります。手のひらサイズの仕事の極意メモを作り、仕事をしながら学んだことを忘れずにメモしましょう。メモしたすべてがあなたの成功のための財産。給料以上の価値がありますよ。

Day
2

今日の学びや気づきをメモする

ごくごくカンタンでいいです。仕事の極意メモに、今日気づいたことや学んだことを、退社前の5分程度でいいので、メモしましょう。こんなことをやってる人なんて、まずいないでしょ。でもこの継続が、大きな違いを生み、仕事の楽しさを倍増させ、ひいては収入アップや昇進にもつながるんです。

Day
3

仕事に行く前に、身だしなみをしっかり整える

身だしなみをしっかり整えるだけで、自己認識が上がります。自己認識が上がれば、宇宙ともつながりやすくなり、能力という豊かさも引き出されやすくなります。高い服であるかどうかより、きちんと手入れしているかどうか、そっちのほうが大事。それが仕事で触れ合う人たちに対しても信頼感を与えます。

Day
4

テンションの上がる飲み物を用意する

職場でも、宇宙の周波数と同調していたほうがもちろん幸運に恵まれます。あなたの周波数を上げるために、お気に入りの飲み物を常備しましょう。大切なあなたのためだけのスペシャルな飲み物です。その飲み物を飲むたびに、幸せを感じてください。そうすればちょっとくらいイヤなことがあっても、復活しやすくなります。

Day 5

デスクの上を整理整頓する

前の章で、家の中をきれいにすると氣がよくなり、宇宙とつながりやすくなるというお話をしましたよね。職場も同じです。中でもデスクは超重要！　デスクの上が仕事しやすいように整理整頓されていると、業務が効率的に進むだけではありません。仕事の運気も上がり、チャンスにも恵まれやすくなるんです。

Day 6

デスクの引き出しの中を整理する

今日はデスクの引き出しの中の文房具を整理しましょう。整理しながら、使いづらい文房具は思い切って捨てます。インクが詰まって出づらいボールペンなど、使うたびにストレスになるような文房具があると、あなたの仕事の効率も運気も落ちます。使いやすいものだけ残して引き出しをきれいに整理しましょう。

Day
7

機能性の高い文房具を使う

使いやすくて、機能性の高い文房具は、仕事の効率を上げるだけでなく、使うたびにテンションが上がります。ですから、仕事で使う文房具は、デザインはもちろん、使いやすくて便利なものにしたほうがいいです。思い切って、よく使う文房具だけでも、機能性の高いものに買い替えてみましょう。

Day
8

便利グッズはどんどん活用する

文房具に限らず、たとえば椅子の上に敷く疲れないクッションや、USBに接続できる小型の加湿器や扇風機など、あると快適で、仕事に集中できるグッズは積極的に活用しましょう。あなたがベストコンディションで仕事できると、もちろんあなたの業績も上がりますし、宇宙からの恩恵も受け取りやすくなります。

Day 9

背筋を伸ばして仕事する

背筋を伸ばして宇宙とつながりやすくするというワークを1か月目にやりましたね。デスクワークをする時も、背筋を伸ばしてやってみてください。体が疲れにくくなります。それに、宇宙からの無限の豊かさやアイディア、チャンスなどのエネルギーも真っ直ぐに入ります。その上、「仕事ができる人オーラ」をまといます。

Day 10

お気に入りのハンカチを使う

ハンカチって、意外に職場で人目に触れる機会が多いものです。会議の時に手元に置いておいたり、ランチをする時に膝の上に広げたり、トイレで洗った手を拭いたりもします。そんなハンカチを質の高い、素敵なものにするだけで、気分がいいですし、出すたびになんだか誇らしくなります。

5
month
仕事

Day
11

化粧ポーチはきれいに使う

化粧ポーチって、あなたを美しく彩るメイク用品の入れ物ですよね。いくらきれいにお化粧しても、ドロドロの化粧ポーチを使っていたら、あなたの発する周波数は美の周波数ではなくなります。見えないところにどれだけ心配りができるか……。それが、成功者とその他大勢とを分ける大きな違いです。

Day
12

経営者の意識で仕事してみる

もしもあなたが経営者だったら、備品1つでもお金がかかっているという認識を持ちますよね。自分が経営者だったらどう思うかという意識を持つことで、あなたの仕事は数段レベルアップします。そういう意識で仕事をする人を、経営者は昇進させたいと思うものです。それに独立した時にも、その感覚は大いに役に立ちます。

Day 13

お掃除スタッフに「いつもありがとうございます」と言う

上司には媚を売るけれど、お掃除のスタッフには平気で失礼な態度を取るような人を、あなたは信頼できますか？会社を支えてくれるすべての人に対して、感謝の気持ちを持つだけで、あなたのビジネスパーソンとしての品格は格段に上がります。品格は心がけ次第で上がるのです。そして隠そうとしてもにじみ出ます。

Day 14

同僚や部下を褒める

字がきれいですね。笑顔がいいですね。今日のジャケット素敵。なんでもいいです。相手のちょっと素敵だなと思うことを口に出して伝えてみてください。人は褒められたらやっぱりうれしい。こっちだってけなすより気持ちいい。そんな小さな心がけで職場の空気も和み、あなたにとって仕事のしやすい人間関係になります。

Day
15

上司を褒める

どんな上司にも尊敬できるところってあるものです。その尊敬できるところは、仕事の極意メモにしっかりメモして自分のものにしましょう。そして、さりげなく口に出して伝えましょう。本当に感じている素晴らしさを伝えると、相手の胸に響きます。あなたのほうから一歩近づくことで、上司とも良好な関係になります。

Day
16

社内で秘密のサービスを1つする

わざわざ私がやっておきましたと公表せずに、さりげなく、誰も見ていないところで、湯飲みをきれいに洗ったり、コピー用紙をそろえたり、ちょっとしたサービスを1つしましょう。誰も見ていなくても、天は見ています。それを自分の歓びとしてできるようになると、またもう一段階宇宙の周波数と同調しやすくなります。

Day 17

1人でランチしてみる

ランチタイムは同僚や上司とコミュニケーションができる大事な時間という側面もありますが、なんだか仕事の延長のようで気疲れすることもありますよね。気分転換がしたい時は、遠慮しないで1人でランチしましょう。好きなレストランに行って、ちょっと贅沢なランチをゆったり楽しみ、午後からの英気を養いましょう。

Day 18

目の前の仕事に集中する

苦手な仕事をやりたくないと思いながらやることほど、辛いことはありませんよね。どうせやるなら、何も考えずひたすら集中してやってみれば、その仕事にも面白さがあることに気づきます。仕事を通して集中力を養っているんだと思ってもいいでしょう。その力は、後々とても役に立ち、あなたを成功者に押し上げます。

Day 19

仕事をゲームにして楽しむ

気の合わない上司に、どう接したらいい関係になれるか？　単純作業をいかに楽しむか？　すべて三次元リアルゲームだと思ってみてください。そうすれば意外な突破口が見えたり、いつもはできないと思っていたことができるようになったりします。もちろん楽しむスタンス自体が宇宙からの恩恵を受け取りやすくします。

Day 20

しっかり休憩する

仕事はメリハリが大事です。集中して効率よく仕事をした後は、しっかり休む。休む時も中途半端に休まない。オフィスから離れ、スマホからも離れ、外に出て風にでも吹かれて、しっかりエネルギーチャージしてください。それは休日も同じです。休みの日まで仕事をしない。それが公私ともに充実するコツです。

Day 21

何か1つ、言われた以上のことをする

ここまでで、仕事をする環境や取り組む姿勢を整えたところで、実務でもチャレンジしてみましょう。今日は何か指示された以上のことを1つやることを心がけてください。今のあなたなら、周波数も高め安定状態でしょうから、それだけの能力も開いているはず。能力は使うほどに開きます。能力を使うことを楽しんでください。

Day 22

何か1つ、自分の仕事の改善点を見つける

今日はさらに進みます。自分の仕事の改善点を見つけましょう。もっと効率化できないか？　もっと気持ちよくできないか？　こういう時こそ頭をカラッポにして宇宙とつながってみてください。きっと何かピンとくるはずです。実はね、毎日その視点を忘れないようにすると、逆に仕事が面白くなってくるんですよ。

Day 23

何か1つ、新しいことに挑戦する

たとえばいつも会議では発言しないとしたら、今日は自分の意見を言ってみるとか、1人で頑張らないで、人に助けや教えを求めるとか、尊敬する先輩を食事に誘って話を聞くとか。なんでもいいです。自分の安全地帯から出る。それによってあなたの能力はさらに開かれ、最終的には収入の桁が変わることにつながるでしょう。

Day 24

何か1つ、会社に提案をしてみる

ここまで様々なワークをしてきたあなたなら、会社全体の業務改善の提案もできるようになっているでしょう。部署同士の連携のしかたとか、会議の効率化、オフィス環境の改善などなど、実際に仕事をしている立場だからこそ気づくことがあるはずです。会社とみんなと自分のために、勇気を持って提案してみてください。

※21～24日のようなことは、仕事の極意メモにも記録しておきます。

Day 25

何か1つ、興味のあることを学ぶ

仕事と直接関係ないことでもいいです。今まで学んだことのなかった興味のあることを学んでみてください。関係する本を読んでもいいし、講座に申し込んでもいいです。この経験は、仕事のために好きでもないことを学ぶよりも、ずっとあなたの視野を広げ、結果的に仕事にも生かされるようになるでしょう。

Day 26

帰る前に、明日のやることリストを書く

これをやっておくと、明日出社した時に、抜けがなく効率よく仕事ができるというメリットもあります。でも、それだけではありません。今日の仕事はここまでというケジメをつけることにもなり、スッキリ退社できるんです。退社後のプライベートな時間を充実させるためにも、リストを書くことはとても有効です。

Day
27

今日1日、よくやった自分を褒める

1日仕事をしていれば、思い通りにいかず、歯がゆいこともあるかもしれません。でも今日はこれがあなたの精一杯であり、ベストだったと認めましょう。うまくいかなかったことは改善点ととらえます。その一方で自分なりによくやったと思えることもたくさんあったはず。そちらに着目し、よくやった自分を褒めましょう。

Day
28

堂々と、かつさわやかに定時で帰る

昔の日本では、残業する人のほうが仕事熱心だと思われていました。でも今は違います。短時間で集中して業務をこなせる人のほうが有能で仕事のできる人だという認識に変わりました。だから集中して仕事して、やれることをやったら、申し訳ないなどと思わずに、堂々と定時で退社してみましょう。

Day 29

たまには自分のために、有休を使って休む

体調不良や親族の冠婚葬祭くらいしか有休を取ってはいけないと思っていませんか？　いい仕事をするためには、インプットやエネルギーチャージが大切です。時には自分自身のために有休を取り、セミナーやコンサートに行ったり、旅行をしたりしてみませんか？　今日はあえて、そんな有休申請をしてみてください。

Day 30

「私は成功する」と心の中で唱える

まっ、ここまでのワークをキッチリこなしたあなたなら、成功して当然でしょう。でも、本人が自分にそれだけの価値があると思わなければ、そうならないのが宇宙の法則。あなたにはそれだけの価値も能力も魅力も備わっています。あなたがあなたの成功を信じるために、この言霊を唱え、全身全霊に浸透させてください。

5か月目の振り返り

思い切り今月の自分を褒めちぎってください

気づいたことや感想を書きましょう

毎日続けたいと思うワークや変化をメモしましょう

5
month
仕事

6th month

人間関係

良好な人間関係という豊かさを受け取る

人は生まれてくると、まず家族の中で人間関係を学びます。特に両親とどういう関係であるかが、その後の人間関係のひな型になっているところがあります。

みんながみんなたっぷりと愛情を注がれて育てられたらいいのですが、親も人間。なかなかそうもいかないこともあるでしょう。ですから、人によっては親子関係のトラウマが、そのまま人間関係に尾を引いてしまうこともあります。

じゃあ、どうすればいいのか？

もちろん、トラウマを癒すヒーリングや、心理療法もあるかもしれません。でも一番カンタンなのは、感謝して卒業してしまうことなんですよ。

たとえひどい親だったとしても、あなたを生んでくれたこと自体、すごいことです。

親がいなければ、そもそもあなたはこの世に生まれてくることができなかったわけですから。それに、ご飯を食べさせてくれたでしょうし、学校にも行かせてくれたでしょう。そういう基本的なところに心から感謝して、もうそれ以上を求めるのをやめる。そうすれば、心の区切りがつけられ、トラウマからも自由になっていけます。

最初の数日間で、感謝の力を使って、人間関係を良好にするベースをしっかり作りましょう。

その後は、「〇〇でなければ愛されない」と自分に突きつけてきた、愛されるための条件を手放していきます。この本の最初のほうで、お話しした通り、あなたはそもそもありのままで完全な存在です。宇宙もありのままのあなたを愛しています。

だから、あなたもそんな条件を自分に突きつけて、条件をクリアするまで愛されることをお預けにするのをやめるんです。

そもそも、自分の中で欠点だと思っているところが、あなたにとっての魅力であったりすることも多いです。そんな自分の欠点だと思っているところの魅力をも発見し、ますます自分を愛せる状態になってください。

それによって、あなたの自分への無条件の愛が、外の世界にも反映され、人から愛され、理解されやすくなっていきます。

やはり良好な人間関係の基本は、自己受容なんですよ。2か月目でもある程度やりましたが、ここではさらにそれを深めていきます。

そうやって、自分を愛で満たした上で、今度は自分のほうから、人に対して愛を分かち合っていきます。それによって愛が循環し始め、ますます愛のある人間関係に恵まれるようになるでしょう。

ここまで、しっかり準備運動をやったところで、いよいよ、あなたと魂の響き合う人と友だちになる実践的なワークに入ります。

同級生や職場の仲間にも、気の合う人はいるでしょう。でも、私がこれまで様々な人たちと接してきて感じるのは、自分が興味を持っている分野で出会う人の中に、本当に魂の響き合う人がいるということです。

ですから、今月後半は、自分のほうから積極的にそんな出会いのチャンスを作っていきます。そのためにはSNSも大いに活用していきましょう。

ネットを使えば、世界中の人とコンタクトを持つことができ、一気に出会いのチャンスは広がります。もちろん、直接触れ合うチャンスも作り、両面から、魂の響き合う友だちとの出会いを作っていってください。

たくさんの友だちができたらできたでいいのですが、人数を増やすことよりも、1人でもいいから、いかに魂が響き合う人と出会うかです。

これは来月のパートナーシップにもつながるところですので、質を重視してください。付き合う相手は、あなたが選んでいいんです。

気が合わない人と、無理に付き合う必要はありません。そんなワークも用意していますので、ワークを通して、友だち付き合いの自分軸をしっかりさせていってください。

今月のワークを通して、あなたが魂の響き合う友だちや仲間と出会えることを、私は心から祈っています。

Day 1

親に感謝する

親になることを承諾してくれる魂があって、はじめてあなたはこの世に生まれてくることができました。人によっては親に深く心を傷つけられたと悩んでいる人もいるかもしれません。それが人間関係に影を落としている場合もあります。でも、そんなものを引きずるより、親に感謝をして、さっさと卒業してしまいましょう。

Day 2

家族に感謝する

親だけでなく、兄弟姉妹、自分の子ども、配偶者など、すべての家族に感謝しましょう。家族はあなたの人間関係のベースとなる大切な人たちです。この人たちに感謝できたら、家族関係がもっと愛にあふれたものに変わるでしょう。ひいては、家族以外の人との関係にも反映され、豊かな人間関係につながるでしょう。

Day 3

いろんな人たちのおかげで生きているという前提に立つ

たとえば着ている服。デザインしてくれた人、縫製してくれた人、運んでくれた人、販売してくれた人がいたから、今その服を着ることができていますよね。自分の生活が、たくさんの人たちのおかげで成り立っているという「おかげ様」の気持ちを持つと、宇宙の周波数と同調し、人間関係にも幸運がやってきやすくなります。

Day 4

人から愛されるために自分に課してきた条件を3つ見つける

人から愛されるには、こういう条件をそろえていないとダメだと思い込んでいませんか？　そして愛されるために、やりたくないことをし、無理に頑張って生きていませんか？誰もがそういう条件を持っているところがあります。それを今日はじっくり自分と向き合って、最低3つ、はっきりさせてください。

Day 5

それらの条件を廃止し、無条件に愛されることを許す

宇宙は無条件にあなたを愛しています。だからあなたも自分を無条件で愛すべく、4日目のワークではっきりした愛されるための条件を、今日限り撤廃しましょう。あなた自身もあなたのすべての側面を受け入れ、愛していいんです。今日をどんなあなたでも愛されていいという無条件降伏記念日にしてください。

Day 6

自分の欠点だと思っていることの強みを3つ見つける

あなたが欠点だと思っていることは、逆にあなたの強みにもなります。欠点を直すんじゃなくて生かす。たとえば気が短いとしたら、それは素早く決断でき、すぐに行動でき、しかも情熱的だととらえ直し、生かす。欠点がどんな強みになるのか、今日はじっくり見つめ直してみてください。これはとても重要なことです。

Day 7

自分の欠点だと
思っていたことを統合する

6日目のワークで、欠点だと思っているところが、実は強みになり得るということに気づきましたよね。これまではその側面を排除しようとしてきたかもしれません。もしそうなら両手で欠点だと思っていた部分を自分の胸の中に入れ、「今まで仲間外れにしてごめんね。これからは大事にしていくよ」と伝えて統合してください。

Day 8

「私は人から理解され、
尊重されていい」

愛されるだけでなく、理解され、尊重されることも自分に許してください。愛されるための条件を撤廃した今なら、理解され、尊重されることも、自分に対して許せますよね。自分にそのことを言い聞かせるために、目を閉じて、胸の中央に両手を重ね、心を込めて、この言霊を唱えてください。

Day 9

「私は愛し、愛される」と唱える

人はどうしても愛されることにばかりとらわれがちです。でも今のあなたなら、愛されることを待たなくても、自分のほうから人を愛せるだけの自己愛に満ちています。そして愛もたくさん受け取れる。これからもそんな愛の交流をどんどん拡大していい。そんな決意を強固にするべく、この言霊を唱えてください。

Day 10

すべての人の幸せを祈ってみる

すべての人の幸せを、心を込めて祈る時、ものすごく大きな愛に包まれます。そして一気に周波数が上がり、あなたは宇宙とひとつに戻ります。この状態こそが、あらゆる豊かさを受け取ることのできる、最高の状態なんです。見返りを求めて祈るのではなく、純粋に祈るほど、あなたにますます愛が流れ込んできます。

Day 11

人はそれぞれに背景が違うことを受け入れる

みんなそれぞれに、育ってきた環境が違うし、体験してきたことも違います。だから自分と違って当然なんだと思いましょう。そうすれば、自分と違うやり方をする人に、いちいちイライラしなくなるし、その人のことも尊重できるようになります。すると、それが反映され、あなたも人から尊重されるようになります。

Day 12

歩行中や運転中に道を譲る

相手が自分にやさしさや愛を与えてくれるのを、いつまでも待っているのではなく、こちらのほうから先に小さな愛を差し出すことに慣れましょう。それがこの「道を譲る」というワークです。譲られた相手のハートは温まり、その愛が様々な人に巡り巡って、いつかあなたのところに大きくなって戻ってきます。

Day 13

「素敵」、「好き」、「スゴイ」と口に出す

相手に対して、素敵だと思うこと、好感を持っていること、すごいなあと尊敬することは、素直に口に出してみてください。褒めるというよりも、好感を示すくらいの気軽な感覚で相手に伝えると、お互いに親愛の情が育まれます。心の中で思っているだけよりも、こうして口に出すことで人間関係はもっとよくなります。

Day 14

何か1つ、人のお手伝いをする

誰かがたくさん仕事を抱えて困っていたら、できる範囲でお手伝いを申し出てください。お手伝いをすると、そこに小さな愛の交流が生まれます。それほど大きなことをしなくてもいいです。ほんのちょっとでもいい。あなたにできるお手伝いをすることは、相手の力になるだけでなく、自分の力にもなります。

Day 15

何か1つ、人に助けてもらう

人を助けるのは得意でも、人に助けてもらうことに、申し訳なさを感じてしまう人もいますよね。愛を循環させるには、人のお手伝いをするだけでなく、人に助けてもらうことも自分に許せたほうがいいんです。ですから、職場でも家でも、今日は何か1つ人に助けてもらうという体験をしてみてください。

Day 16

助けてもらったら小さなお礼をする

助けてもらったら、相手に言葉で感謝するだけでなく、相手の負担にならない程度の小さなお礼をしてみましょう。昨日、家の掃除を手伝ってくれた子どもに、大好きなお菓子を買ってきてもいいでしょう。職場の同僚だったら、相手が好きな缶コーヒー1本でもいい。そんな小さな愛の循環を楽しみましょう。

Day 17

何か1つSNSに自分のことを投稿する

今は直接会う人だけでなく、ネット上で世界中の人とつながることができます。あなたのほうから自分のことを発信すれば、そんなあなたと気の合う人とご縁がつながる可能性も大いにあります。このご縁を活用しない手はありませんよね。あなたがこれだったらやってみたいと思うSNSに何か1つ投稿してみてください。

Day 18

気の合いそうな人にメッセージつきで友だち申請する

自分の投稿だけでなく、他の人の投稿も見てみてください。そして、全然会ったこともない人だけど、この人って面白いなあ。なんだか気が合いそうだなと感じたら、相手のどんなところに魅力を感じたのか書いたメッセージも添えて、友だち申請してみましょう。たとえネット上であっても、承認してくれたら新しい友だちです。

Day 19

18日目の相手のSNSにコメントする

せっかくネット上でつながっても、こちらから相手に向かって発信しなければ、ご縁も切れてしまいます。この人は面白い、友だちであり続けたい。そう思うなら、相手の投稿にときどきコメントしてみましょう。ただし、コメントのためのコメントではなく、心から感じたことをコメントすることがポイントです。

Day 20

SNSの中の興味のあるグループに入ってみる

SNSには、共通の興味のある人が情報交換し合うグループというものがあります。あなたが興味のある分野のグループもきっとありますから、入ってみてください。同僚や同級生よりも、興味のあることが共通している人とのほうが、気心が通じ合い、理解し合え、仲良くなれることも多いです。

Day 21

悪口、愚痴、噂話のグループから
やんわり離れる

あなたが愛のある人間関係を求めているなら、その逆である悪口、愚痴、噂話をする人たちとは距離を置きましょう。何もその人たちに、注意をする必要はありませんよ。ただ、愛のある人間関係を築きたいあなたには必要のないことですから、お誘いは笑顔で断り、やんわりと離れるだけでいいです。

Day 22

気の合わない人に、
いちいち腹を立てるのをやめる

21日目の悪口や愚痴を言う人たちも、彼らにとってはそれが必要なプロセスかもしれませんし、そうせざるを得ない背景があるのかもしれません。いちいち腹を立てたり嫌ったりすると、あなた自身の周波数も落ちます。彼らは彼らでいいのだと、イライラするのをやめて、スルーすることに慣れましょう。

Day 23

人に腹が立ってきたら、1回深呼吸する

生きていれば、どうしても人に腹が立ってしまうこともあります。それもそれでいい。そんな自分を責めずに受け入れて大丈夫です。だけど、感情的になって、言う必要のないことまで口走る前に、1回深呼吸してみてください。それだけで正気に戻り、この件にどう対処すればいいのか、宇宙の叡智も降りてきやすくなります。

Day 24

その場で簡潔にサラッと抗議する

もしも、相手に何か抗議する必要があるなら、簡潔にサラッと、できればその場で伝えましょう。腹にため込んでしまうと、そういうことって時間を置くほどブクブク膨れ上がってしまい、ひどくなると暴発することもあるんですよね。そうなる前に、落ち着いて、「ここはこうしてほしい」とサラッと言えたら、イヤな気分も引きずりません。

Day
25

自分から気の合いそうな人を誘ってみる

ネット上で気の合う人とつながるだけでなく、三次元上でも、「この人素敵だな」「話を聞いてみたいな」と思ったら、素直にその気持ちを表現し、気軽にお茶やお食事に誘ってみましょう。勇気がいるかもしれませんが、ただ待っていても何も始まりませんから。たとえ断られたとしても、誘うこと自体に意義があります。

Day
26

仲良くなりたい人には、正直に話す

大好きな人や尊敬する人の前に行くと、嫌われまいと、変にカッコつけてしまったり、やたらとお世辞を言ったりしてしまいがちです。そうすると残念ながら、かえって相手との心の距離が離れます。ですから、ありのままに正直に話してみましょう。そうすれば、お互いに肩の力が抜けて、あっという間に仲良くなれます。

Day 27

一人旅をする計画を立てる

1人でいることも楽しめるようになったら、人に依存することもなくなります。そうすれば、互いに相手を尊重し、高め合える人間関係を築けるようになります。それに一人旅をすれば、今まで出会ったことのないような人とも触れ合えますから、あなたの人間関係の幅も広がります。ちょっと勇気がいると感じる人こそやる価値大。人生が変わるかも♪

6 month 人間関係

Day 28

初対面の人と話してみる

初対面のお店のおばちゃんや初めて入ったレストランの人と触れ合ってみましょう。「いいお天気ですね」とか、「この辺は何がおいしいんですか?」とか、その土地の情報をたずねてみてもいいでしょう。人見知りの人ほどやってみてください。やろうと思えば意外とできるし、人と触れ合う楽しさも実感できますよ。

Day 29

コンサートや講演会などに参加する計画を立てる

興味のあることが共通していると、いい友だちになれる可能性があるということは、20日目のワークでもお伝えしましたよね。今度は三次元でもそういう接点を持つ機会を作ってみましょう。コンサートでもいいし、セミナーや講演会でもいいです。これだったらぜひ参加したいと、ワクワクするようなものに参加申し込みしてみてください。

Day 30

申し込んだイベントの参加者と話してみる

29日目で参加を決めたイベントで、初めて会った人と、触れ合ってみてください。宇宙に偶然はありませんから。お隣に座った人とも、ご縁があるはずです。コロナ感染予防をした上で、思い切って、「私、初めて参加したんですが、よく来られるんですか？」くらいのところから話しかけてみましょう。ドキドキするけど、きっと楽しいですよ。

6か月目の振り返り

✤ 思い切り今月の自分を褒めちぎってください ✤

✤ 気づいたことや感想を書きましょう ✤

✤ 毎日続けたいと思うワークや変化をメモしましょう ✤

6
month
人間関係

7th
month
パートナー

魂の響き合うパートナーに恵まれる

先月は、親や家族など、周りの人に対する感謝からスタートしましたよね。今月はなんと、自分の体に感謝することから始めます。

なぜなら、容貌さえよければ、パートナーを受け取れる、または、もっとパートナーから愛されるという思い込みを持っている人がたくさんいるからです。もっと胸が大きかったら、もっと脚が細ければ、もっと目がパッチリしていたら……、などなど、体に文句を言ってきた人も少なからずいるのではありませんか？

何度も言うように、大事なことはどんな自分でも受け入れ、愛すること。それがあらゆる人間関係に反映していきます。

ですから最初に全身に感謝し、その思い込みを外していきます。

さらに、体に対して、「今まで、本当にありがとう」という、愛と感謝を込めて丁寧にケアしていきます。自分の体を丁寧にケアすることで、私は大切にされ、愛される価値のある存在なのだということも潜在意識に浸透します。つまり、このワークは、自分磨きというよりも自分の体を受容し、自己価値を上げるワークだと理解してください。

次は、もう少し深いレベルに入っていきます。あなたのパートナーシップは、両親のパートナーシップがどうであったかの影響を受けています。とっても仲がよい両親だったら、パートナーがいることは幸せなことだと素直に思えるようになるでしょう。

でも、両親がいつもケンカばかりしていたり、どちらかが、パートナーのために苦労していたりする状態だったとしたら、あなたの潜在意識の中に、パートナーを受け取ることは不幸なことだという価値観が刷り込まれることもあります。

さらにあなたの異性の親の、あなたに対する対応を、あなたのパートナーがそのまま受け継いでいるかのような状態になっていることもあります。

それは、あなたが最初に出会う、最も近い存在である異性があなたの異性の親であるため、「自分にとって一番身近な異性は、自分に対してこういう態度を取ることが愛情表現なんだ」という刷り込みにつながることも多いからです。

ですから、一回これらのことを見つめ直します。そして、それがあなたにとって幸せな状態でないなら、潜在意識に刷り込まれていた思い込みをはっきりさせ、宇宙にサポートしてもらいながら、手放していきます。

さらに、どういうパートナーだったら魂が響き合うのかをはっきりさせましょう。

これは年収とか外見などの条件をはっきりさせるということではありません。

あくまでどういう人なら魂が響き合うか、それを明確化してください。

そしてそういうパートナーを受け取っていいんだと、自分に対して許可してください。これは今すでにパートナーがいる人にとっても大事なことです。もし本当に許可できたら、現在のパートナーとの関係も、より魂の響き合うものに変わっていくからです。

こうして前半に魂の響き合うパートナーシップを受け取るベースができたら、後半では、自分の気持ちや意志を伝え、行動していきます。

魂の響き合うパートナーシップを築くには、自分自身も相手に依存せず、かつ、相手を尊重できるようになっていく必要があります。後半にはその練習をするワークもあります。

また、今、パートナーがいない方には、出会いのチャンスを自分で作るワークもあります。あなたが行動を起こすことで、魂の響き合うパートナーを受け取ることの現実化が促進されるでしょう。

でも、決して「なんとしてもパートナーを受け取らなければ」と焦ったり、頑張ったりしないでくださいね。ワークを通して練習すればいいんだ、くらいのスタンスがちょうどいいです。

そういう無駄な力が抜けている時に、宇宙からの出会いの恩恵も流れ込んできやすくなります。出会いも宇宙におまかせだと思って、気楽にやってください。

Day 1

鏡を見ながら、顔の一つひとつのパーツに感謝する

今まで、何度鏡を見て、自分の顔に文句を言ってきたでしょう。もうそんなことは金輪際やめましょう。目、鼻、口、耳、肌、髪の毛。全部あなたのために今日まで頑張ってきてくれました。それだけで100点。今日は顔の一つひとつのパーツに、心から感謝を伝えてください。そして、「これからも大切にするね」と誓ってください。

Day 2

体の一つひとつのパーツに感謝する

顔よりも、もしかすると体のパーツに対する文句のほうが多かったかもしれませんね。脚がもっときれいだったらいいのに、もっと胸が大きかったらよかったのに……。顔のパーツと同じです。文句を言うより、今日まであなたを支えてくれた体のパーツにやさしく触れながら、心を込めて感謝し、大切にすることを誓ってください。

Day 3

愛と感謝を込めて、スペシャルスキンケアをする

精神的な側面で自己受容することもとても大事です。それはここまでたくさんやりました。でも外面的な自分をも受容すると、さらにあなたの外面的な魅力も輝き出します。1日目と2日目はそのためのワークでした。今日はそんな体の中でも、お肌に愛と感謝を込めて、いつもより念入りにスペシャルケアをしてあげてください。

Day 4

愛と感謝を込めて、スペシャルヘアケアをする

3日目と同様、今度はヘアに愛と感謝を込めてケアをしてあげてください。ヘアケア用品は、あなたが女王様気分になれる香りにもこだわり、かつ、ヘアケア成分が豊かに配合されているものを使ってスペシャルケアしましょう。いつもはやらないヘアパックをしてもいいですし、サロンでヘッドスパをしてもいいですね。

Day 5

愛と感謝を込めて、スペシャルボディケアをする

今日はボディケアをしてあげましょう。体の歪《ゆが》みを取るエクササイズをしたり、ストレッチをしたりするのもいいですね。さらにお風呂では、体をねぎらい、愛と感謝を込めてマッサージしてあげましょう。そしてお風呂上がりには、お気に入りの香りのボディローションやクリームで総仕上げするのも素敵です。

Day 6

1日中、自分を女神or神だと思って過ごしてみる

ここ数日、しっかり体のケアをしてきました。体を大事にすると、潜在意識にも「私は大切な存在なのだ」という認識が浸透します。そうです。あなたはとても素敵で大切な人。今日は自分を地上に降りた女神or神だと思って過ごしてみてください。自己認識が外側の世界に反映し、あなたの魅力が神々しく輝くでしょう。

Day 7

あなたの異性の親との関係を振り返る

あなたのパートナーシップは、あなたの異性の親との関係の相似形になっていることが多いです。たとえばあなたが女性で、支配的な父親だったとしたら、ご縁のあるパートナーも口やかましく、束縛するような人だったりします。今日は異性の親との関係を振り返り、どういう問題を持ち越しているのか内観してみてください。

Day 8

異性の親との間で持ち越している問題を手放す

7日目ではっきりさせた異性の親との関係性。それが今の自分のパートナーシップに持ち越されていると感じたなら、まず、親にはそうならざるを得ない背景があったんだと受け止め、親を許してください。そして、宇宙に向かって、「お父さん（お母さん）、ありがとうございました。私はこの呪縛から解放されます」と宣言してください。

Day
9

両親の夫婦関係を振り返る

両親がケンカばかりしていたり、父親がいつも家族に迷惑をかけていたりすると、パートナーがいることが、自分を幸せにしない（相手を不幸にする）という思い込みにつながる場合もあります。あなたの両親の夫婦関係はどうでしたか？　それがあなたのパートナーシップにどう影響を与えているか、今日は内観してみてください。

Day
10

両親の夫婦関係からくる不必要な思い込みを手放す

もしも、両親の不仲が「良好なパートナーシップを受け取ることを妨げている」気がしたら、8日目と同様に、2人もそうなる背景があったのだと思って、両親を許しましょう。そして、宇宙に向かって「お父さん、お母さん、ありがとうございました。私はこの呪縛から解放されます」と宣言し、解放してください。

Day 11

あなたと魂の響き合う人の資質を3つはっきりさせる

どういう資質のある人なら、あなたと魂が響き合うでしょうか？　ここで問うているのは、何も見た目や学歴、収入などの外面的な条件ではありません。そうではなく、魂が響き合うための資質が何か聞いています。これはとても大事なことです。今日はそれについて、しっかり内観し、最低3つはっきりさせてみてください。

Day 12

3つの資質を持ったパートナーを受け取ることを許可する

あなたは、7～10日目までのワークを通して、両親との関係性からくるネガティブな呪縛から自由になったはずです。そして、外面的な条件ではなく、魂の響き合う条件もはっきりしました。あとは、そんなパートナーを受け取っていいんだと自分に許可するだけです。今日はその覚悟をしっかり固めておいてください。

Day 13

宇宙に12日目の決意を伝える

昨日1日かけて魂の響き合うパートナーを受け取る覚悟を決めました。今日は、宇宙に向かってその決意を伝えます。「私は○○○という資質を持ったパートナーを受け取ります」と強く決意し、その決意が眉間からレーザービームのように放たれ、宇宙の真っ芯に突き刺さるイメージで放ちます。そうすれば、宇宙も早速サポート態勢に入ります。

Day 14

パートナーに関する自分の意思を伝える

パートナーがいる人は、自分がどういうパートナーシップを求めているのか、相手に伝えてみてください。パートナーがいない人は、どういう人と出会いたいと思っているのか、身の周りの人に伝えてみてください。あなたが明確に意思表示することで、相手や周りも動きだし、現実の世界も変わっていくでしょう。

Day
15

デートの約束をしてみる

パートナーがいる人は、自分からデートに誘ってみてください。パートナーがいない人は、気になる人を、とりあえずお茶にでも誘ってみてください。もしも、適当な人がいなければ、練習台になるような友だちを誘ってもいいです。どうしても相手が見つからなければ、引き続き明日も、相手を探してみてください。

Day
16

一緒に楽しめる
デートの企画をする

どちらか一方が満たされ、どちらか一方は我慢ばかりしていたら、いい関係になれるはずがありません。今日は相手の好みや気持ちを考えつつ、自分も一緒に楽しむとしたら、どんなデートをすればいいのか、楽しみながら考えてみてください。これは2人で一緒に楽しむという視点を持つ実践的な練習でもあります。

Day 17

デートの日に着ていく服を決める

15日目で会う約束をしたら、デートに着ていく服を楽しみながら選びましょう。自分を必要以上に飾り立てる必要はありません。あなたが好きな服で、よく似合う服を着ればいいだけです。でもおしゃれすることは楽しんでください。自分が自分のスタイリストになったつもりで、素敵に演出することを楽しんでください。

Day 18

「私は最高に魅力的」と唱える

あなたがありのままのあなたが魅力的だと認めれば認めるほど、それが外の世界にも反映され、あなたの魅力は光り輝きます。そもそもあなたは宇宙の最高傑作として創造された人なんです。魅力的でないはずがない。今日は心の底から、この魔法の言霊を唱え、目に見えない光をまとってください。

Day 19

会話のキャッチボールを楽しむ

ときどき「俺ってすごいんだぜ」アピールがすごすぎて、全然相手の話を聞かない男性っています。これだと残念ながら一緒にいても楽しくないんですよ。今日は人と話をする時に、相手の話を頭をカラッポにして聞き、聞いたら自分が素直に感じたことを話すという、会話のキャッチボールを楽しんでみてください。

Day 20

相手に興味を持つ

相手が、自分とは全然違うことに興味を持っているとしたら、そこにどういう面白さがあるのか、たくさん質問してみると、話がはずみます。相手がどういう人なのかも分かってくるし、あなたの人生の楽しさを広げることにもつながります。そして何より、相手との心の距離も縮まっていくでしょう。

Day 21

相手を尊重し、束縛しないでみる

しつこくされたり、やたらと詮索されたり、束縛されたりすると、うっとうしくなってきますよね。なぜならそれは自分の欲求を満たすことに熱中しているだけで、愛しているということではないからです。今日は相手の自由を尊重し、束縛せず、自分のやりたいことに熱中しながら、流れに任せる余裕を持ちましょう。

Day 22

1人でいることの楽しさも忘れない

先月のワークでもお伝えしましたが、1人でいることも楽しめるくらい自立している人が、2人でいても、お互いを尊重し助け合い、いい関係を保てます。自立していないと、2人でいることで、かえって葛藤する場合もあります。だから今日は、パートナーのことから離れて、1人で楽しむ時間を持ちましょう。

Day 23

2か月目のおさらいをする

人と愛し合えるようになる基本は、自分が自分を愛せるようになること。自分がどんな自分でも愛せるなら、それが外の世界にも反映し、人からの愛や理解も受け取りやすくなるということを2か月目でやりましたよね。今日は、もう1回2か月目のワークをおさらいして、何か1つそのワークをやってみてください。

Day 24

どんな時もどんな自分をも愛することを改めて徹底する

2か月目の自己受容ワークから5か月が経って、○○が手に入っていない私はダメな私と思っていないか、もう一度自分に聞いてみてください。先月の4日目のワーク（P137）をもう1回振り返ってみてください。そして改めて、どんな自分も愛することを徹底し、かつ、愛されていいんだということを自分に許可してください。

Day 25

素直な気持ちに従って、相手を誘ってみる

一緒にどこかに行きたいとか、もっとお話ししたいとか、素直な気持ちでそう思えた時に、自分のほうから誘ってみましょう。大事なのは素直さ、そして、自然体であること。自分の中に相手を自分の思い通りにコントロールしたいという衝動があると、逆効果になるので、それは一旦脇に置き、純粋な気持ちを伝えてみてください。

Day 26

宇宙におまかせする

本当にご縁がある人とは、紆余曲折があっても、結局結びつきます。でもご縁がない人とは、お互いに好きだったとしても結びつかないこともあります。大きな目で見れば、宇宙はいつもあなたにとって最善のことをしてくれているんです。そんな宇宙の流れに委ねられる時、実は最高のご縁も受け取れるようになります。

Day 27

愛することに徹する

人は相手の愛で満たされさえすれば、幸せになれると思い込みがちです。そしていかに相手を愛しているかより、どれだけ愛してくれているかに躍起になります。それにとらわれるとうまくいっても一時的。エゴとエゴのぶつかり合いで終わります。だからどれだけ相手を愛せるか、そっちに意識を向けてみてください。

Day 28

「絶対にこの人！」という執着から自由になる

結婚していても、パートナーがいても、誰かに好意を寄せていたとしても、「絶対にこの人でなければならない」と握りしめるのをやめてみましょう。自分にできることを精いっぱいやっても、うまくいかないなら、別の人が魂の響き合うパートナーかもしれません。その余地があったほうが、かえってうまくいきます。

Day 29

「私は魂の響き合うパートナーと愛し合う」と唱える

パートナーには2種類あります。自分の根深い自己否定に気づくため、衝突し合うトレーニングパートナーと、魂が響き合い、触発し合える魂のパートナーの2種類です。あなたは今では自己受容も進み、魂のパートナーを受け取るベースができています。魂のパートナーと愛し合うことをしっかりと自分に許可してください。

Day 30

パートナーがいてもいなくても幸せに生きる

今月はパートナーについてのワークをここまでやってきました。本当はパートナーを受け取っても、幸せになれるとは限りません。大事なのは、あなたがどんな時も、幸せであること。そのベースがあってはじめて、良好なパートナーシップが築けます。だから、パートナーの有無にとらわれず、幸せでいてください。

7か月目の振り返り

思い切り今月の自分を褒めちぎってください

気づいたことや感想を書きましょう

毎日続けたいと思うワークや変化をメモしましょう

8th
month
健康

体の叡智とつながって健康運をアップさせる

宇宙は私たちに、体という神聖な魂の入れ物を与えてくれました。宇宙が与えてくれたものですから、体は神聖な叡智で満ちているんです。

たとえば、あなたが包丁で指を切ったとしますね。切れたところから、さっそく血が出て固まり、傷をふさぎます。そして、2、3日もすれば、だいたい治ってしまいますよね。

私はそのたびに、体ってすごいなあって思います。毎瞬毎瞬、私たちの命をつなぐために働いてくれている。私たちが寝ている間も、体は休まず働いてくれている。

医学部を出たわけでもなく、誰から教えてもらったわけでもなく、体は生まれながらにして、健康を維持する叡智を持っているんです。

だけど、私たちはあまりに頭でっかちで、体の声を聴いて、体の叡智を活用しようとするより、テレビや雑誌で取り上げられる健康情報にすぐに飛びついてしまいます。それが効く人もいれば、効かない人もいるのに……。

今月は、一旦、そうした健康情報から離れてみてください。直感的にこれは自分に合いそうだと感じるものは別ですよ。

そうではなく、やみくもに飛びつくことをやめるんです。

それから、あまり効き目を感じないサプリメントもやめてみる。

そして体の叡智が、今この瞬間も働いているんだということを、ワークを通して実感してください。

心臓が1日も1秒も休まず脈を打っていることに、気づいていますか？　どんなに怠け者の心臓だって、絶対にさぼらないんですよ。これってすごいことですよね。こうして感謝することで体の叡智とつながるベースを作ります。

次は自然の力を活用しましょう。自然は宇宙の周波数と完全に同調しています。宇宙の法則に完全にのっとって命を育み続けています。

だから人は、自然の中に行くと癒されるんですよ。自然の中に行くだけで、宇宙の周波数に同調できるように自動的に整えられ、体の調子がよくなるんです。

大地には大地の、空には空の、花には花の、特有のパワーもあります。それらも実際にその自然に触れながら、体に取り入れていきます。これは本当に気持ちのいいワークですよ。ぜひ楽しみながら、思い切り自然を堪能してくださいね。

7～15日目のワークは天候によってはできない場合があります。ですので、先にどんなワークがあるかチェックし、そのワークができる日にやっていただいて結構です。

さらに、体の周波数を乱すことはやめ、せっかく整ってきた体の周波数をしっかり維持していきます。

その上で、いよいよ体の声を聴いていきます。声と言っても、何も体が言葉を発するのを聞き取るということではありませんよ。体がどうしてほしいと思っているのかを感じ取るということです。

その答えは、時には言葉や映像で受け取ることもありますが、直感を通して降りてくることが多いです。

目の前に、りんごとみかんがあったら、健康情報を元にどっちを食べるか判断するのではなく、体がどっちを求めているのかを感じてみるんです。そして「こっち！」って感じたほうを食べてみる。こんなふうに、体の声に従ってみるんです。

慣れてくると、体の不調を治す方法も教えてくれたりします。ここまでしっかりワークをしてきたあなたなら、そんなこともきっとできるでしょう。ポイントは、やっぱり頭をカラッポにすること。

そのやり方を忘れたという方は、1か月目のワークをもう一度チェックして、自分に合う頭をカラッポにする方法を、もう一度やってみてください。

最後に、宇宙に体を癒してもらうということもやってみてください。宇宙とのつながりをだいぶ取り戻しているあなたなら、宇宙の癒しもきっと受け取れるでしょう。

この1か月間のワークを通して、あなたが体の叡智とつながることができるように、心から祈っています。

Day 1

健康情報に振り回されるのをやめる

テレビで「この食品が効く!」みたいな情報が流されると、翌日スーパーからその商品が消えているということがあります。でもそんな流行なんてだいたい一時的なものですよね。なぜなら、必ずしも効くとは限らないからです。この1か月は健康情報にむやみに飛びついたり、振り回されたりするのをやめてみてください。

Day 2

あまり効き目を感じないサプリメントをやめる

本当に効いているかどうかわからないけれど、健康への保険の感覚で、あるいは惰性で飲んでいるサプリメントってありませんか？　サプリメントがむしろ体の負担になっていることもあります。ですから、効き目を感じないサプリメントは、思い切ってやめてみてください。ただし、持病の薬は別ですよ。

Day 3

自分の脈を感じてみる

私たちが一番忘れやすいことは、今この瞬間も、心臓が脈を打ち、全身に血液を行き渡らせてくれているということ。ちゃんと生きているってすごいことですよね。自分の手首のあたりにある動脈に指を当て、脈を感じてみてください。そして、自分が1つの生命体として、今生きている奇跡を感じ、感謝してください。

Day 4

ちゃんと機能している体の器官に「すごい!」と感動してみる

心臓だけではありません。呼吸をしているということは肺もちゃんと機能している。ご飯を食べたら、胃が消化し、腸が栄養を吸収し、いらないものは排泄してくれている。今日は1日中、体の各器官が一生懸命やってくれていることに意識を向け、「すごい!」って感動し、感謝してみてください。

Day 5

「私の体は神聖なる叡智そのもの」と唱える

なぜ体は、誰に教えられるまでもなく、あなたの命を保ってくれているのでしょうか？　なぜあなたが寝ていても、体にどんなにひどい文句を言っても、ちゃんと働いてくれるのでしょうか？　それは体が宇宙から与えられた神聖なる叡智に満ちた魂の容れものだからです。そのことに感謝しつつ、言霊を唱えてみてください。

Day 6

「私の体は健康を維持する力を持っている」と信頼する

あなたが体を神聖な叡智の塊であり、健康を維持する力を持っているものだと信頼するなら、体はいよいよその神聖な力を発揮してくれます。体が何を求めているのかも、あなた自身、敏感に察知できるようになるでしょう。体とそんないい関係になるべく、まずあなた自身が体を信頼してください。

Day 7

朝日を浴びてリセットする

このワークは1か月目でもやりましたが、健康のためにどうしても欠かせないワークなので、改めてやってみてください。朝日には、私たちの体内時計をリセットし、体を目覚めさせる力があります。今日は日の出の時間近くに起きて、思いっ切り朝日を浴びてみてください。それだけでいい1日のスタートが切れます。

8
month
健康

Day 8

風にイヤな気分を吹き飛ばしてもらう

爽やかに吹き抜ける風は、なんて心地いいのでしょうか。風に吹かれるだけで、不思議とイヤなことも一緒に吹き飛ばされる気がします。実際、風には浄化のパワーがあると私は感じています。今日は公園や、職場のビルの屋上でもいいし、家のベランダでもいいです。風に吹かれる心地よさを味わってみてください。

Day 9

樹木に触れて周波数を調整してもらう

植物は、ありのままで完全であることを体現しています。宇宙の周波数とも完全に同調しています。ですから樹木に触れるだけで、あなたの周波数も宇宙の周波数と同調できるように、調整されます。だから私たちは疲れると自然の中に行きたくなるんですよ。今日はあなたの好きな樹に触れて、周波数を調整してもらってください。

Day 10

花を愛でて、美を開花させる

花も樹木同様、宇宙の周波数と完全に同調しています。けれども花はさらに、美と自己表現する歓びという周波数も発しています。今日はあなたの好きな花のそばに行って「きれいだね」「なんてかわいいの」と心を込めて愛でることで、花の周波数と同調し、あなた自身が生まれ持った美も開花させてください。

Day 11

小鳥の声に耳を傾ける

小鳥たちも、宇宙の周波数と完全に同調しています。植物は何も言いませんが、小鳥たちは鳴き声という音を発しています。つまり、その鳴き声に耳を澄ますことで、宇宙の周波数と同調できるんです。今日はそんな小鳥たちの声が聞こえる公園を散歩するなどして、小鳥たちの歌声を楽しんでみてください。

Day 12

雨の音に耳を澄ます

雨ももちろん宇宙の周波数に完全に同調している自然現象です。心が疲れている時、雨音に無心に耳を傾けるだけで、不思議と心が癒され、落ち着いてきます。雨には浄化と鎮静化の力があるのです。今日は晴れて、雨が降っていないとしたら、雨が降る日に雨音に耳を澄ますということをぜひやってみてください。

Day 13

寝転がって空を無心に見る

空も雲も、もちろん宇宙の周波数に完全に同調しています。ですから、今日は芝生の上でもいいし、敷物を敷いて自宅の庭から眺めてもいいです。寝転んで、無心に空を眺めてみてください。それだけで、心が解放され、意識も広がります。そして、実は自分も自然の一部であることを思い出すでしょう。

Day 14

地面に裸足で立ってみる

母なる大地と言われるように、大地は命を育む母胎そのものです。そんな地面に裸足で直に立っているだけで、あなたの足の裏から、大地の豊かな生命力がグングン入ってきます。そしていつの間にか元気になってしまいます。このワークは、当然ながらアスファルトの上ではなく、土の上に裸足で立ってやってくださいね。

Day
15

星を眺めて、自分の無限性を感じてみる

昼間の空と夜空は全然違います。よく晴れた夜に、できれば寝転んで、無心に夜空を見上げ、瞬く星々を見つめてみてください。自分の周りには、無限に広がる宇宙があったんだ。そして自分自身もそんな無限に広がる宇宙の一部であり、無限なる存在なんだということを、理屈を超えたところで理解できるでしょう。

Day
16

清流に触れる計画を立てる

自然に触れれば触れるほど、あなたの周波数は宇宙の周波数と同調できるようになり、自然治癒力がアップし、ますます健康になります。今日は澄んだ清流に触れる計画を立てましょう。澄んだ清流に足を浸すことで、強烈に浄化され、邪気も祓われます。あなたが行ってみたいと感じる場所がきっとベストな清流です。

Day 17

海に行く計画を立てる

今日は、海に行く計画を立てましょう。近くに海があるなら、今日行っても構いません。海を見るだけでも心が解放されますが、できたら、波打ち際で裸足になって波と戯れましょう。海は清流とは違う浄化力があります。洗い流すだけでなく、養分も一緒に与えてくれるようなそんな温かさを感じてみてください。

Day 18

温泉に行く計画を立てる

温泉はただの水とは違います。その土地の、大地のエネルギーとマグマの熱を宿した強力な生命のお湯です。日本には昔から湯治というものがありますが、素晴らしい健康法ですよね。今日は、自分に合った効能のある温泉を探して、その温泉でまったりくつろぐ計画を立てましょう。そして実際に足を運んで癒されてくださいね。

Day 19

山に行く計画を立てる

できれば、低山ではなく、ある程度標高の高い山や山並みを見に行く計画を立ててください。大きな山々を間近に見ているだけで、そのどっしりとした力強い周波数に同調し、自分が思い悩んでいることなんて、たいしたことじゃないと気づきます。そして心のブレも鎮まり、堂々と自分の道を進んでいけるようになります。

Day 20

朝起きたら、1杯の水か白湯を飲む

朝起きぬけの時は、まだ胃腸も寝ぼけています。そんな胃腸を目覚めさせ、かつ寝ている間に放出した水分を補給するために、1杯のおいしい水を飲んでみてください。寒い冬は白湯でもいいでしょう。それによって、胃腸が目覚めるだけでなく、あなたの頭のほうもしゃっきりし、スイッチが入ります。

Day 21

夜は照明を落とす

朝は朝日でスイッチがオンになるように、夜は暗さが心と体を休めるモードに切り替えてくれます。人間も自然の一部ですから、夜にガンガンに照明を点けている状態は、自然じゃないんですよ。お気に入りのランプを点してもいいし、キャンドルホルダーにキャンドルを入れて、炎の揺らぎを楽しんでもいいですね。

Day 22

アロマに癒されてみる

夜は照明を落とすだけでなく、自然の植物から抽出されたエッセンシャルオイルを使ってアロマを楽しんでみてください。アロマには様々な効能がありますが、お店で実際に香りをかいでみて、ピンときた香りがあなたに必要な香りです。自然の香りには宇宙の周波数と同調させる力がありますから、一挙両得ですね。

Day 23

ソルフェジオ周波数を活用してみる

聞いた時に心地よく心身を整えてくれるソルフェジオ周波数というものがあります。周波数によって効能が違いますが、細胞の修復に効果のあるとされる周波数もあれば、不安を緩和する周波数もあります。YouTubeなどで検索すればたくさんヒットしますから、自分にフィットする周波数の音楽を見つけて、ゆったり癒されてください。

Day 24

寝る前にスマホをいじるのをやめる

最近はテレビよりもスマホをいじっている時間のほうが長いかもしれませんね。ベッドに入っても寝る直前までスマホをいじるのがクセになっていたりします。でもスマホを見ていると目が疲れ、様々な情報が入ってきて脳を疲れさせます。ですから寝る1時間くらい前にはスマホを見るのをやめましょう。

Day 25

寝る時はスマホの電源を切る

寝ている間も、夜中に緊急電話がかかってくる可能性があるからとか、アラームをかけているからという理由で電源をオンにしている人もいるかもしれませんが、電源が入っているだけで刺激が伝わるので、できれば電源を切ったほうがいいです。やってみれば分かりますが、そのほうがずっとよく眠れますよ。

Day 26

「私は体の声を聴くことができる」と唱える

さて、ここまで体に感謝したり、自然に触れたりしながら、あなたが宇宙の周波数と同調できるようにして、体の声を聴くベースをしっかり作りました。いよいよここから体の声を聴いていきます。そのためには自分はちゃんと体の声を聴けると信頼することです。そのために心を込めて、この言霊を繰り返し唱えてください。

Day 27

体が何を食べたいのか聴いてみる

今日は食事をする前に、体に何を食べたいか聴いてみてください。頭をカラッポにすれば、体の声をキャッチしやすくなります。純粋に体が何を食べたがっているのかを感じてみてください。もしかするとそれはちょっと意外なものだったりするかもしれませんが、体の声を信頼し、それを食べてみてください。

Day 28

体がどんなケアを求めているか聴いてみる

今日は、体がどんなケアを必要としているか聴いてみてください。温泉に入りたいとか、逆に水を浴びたいとか、体を締めつける下着をやめてほしいとか……。どんな答えが返ってくるでしょう？　どんな答えが返ってきてもそれに従ってみてください。そしてそれによって体調がどう変わったかも感じてみてください。

Day 29

体の不調な部分がどんなケアを求めているか聴いてみる

あなたの体の中で不調を感じる箇所があったら、その不調が癒されるにはどうすればいいのかを聴いてみてください。私自身は、実際にそれを自分の体に施したことで、健康状態がよくなったことが何度もあります。あなたも体が教えてくれることを信頼して、ぜひやってみてください。ここまでやってきたあなたならきっとできます。

Day 30

宇宙に体を癒してもらう

体の声を聴くことはもちろん大事なことですし、これからも体の叡智にアクセスできる状態をキープすることを心がけてください。でも宇宙にダイレクトに癒してもらうという方法もあります。心身の何を癒してほしいのか具体的に伝えてから寝るだけです。寝ている間に宇宙が必要なことをやってくれます。

8か月目の振り返り

思い切り今月の自分を褒めちぎってください

気づいたことや感想を書きましょう

毎日続けたいと思うワークや変化をメモしましょう

8
month
健康

9th
month
人生

人生に楽しみを増やし、ますます宇宙を味方につける

宇宙の周波数に同調させることで、宇宙銀行からあらゆる豊かさが雪崩れ込むということを、もうあなたはすでに理解されていますよね。

1か月目の解説の最初にお伝えした通り、宇宙の周波数とは、無限の愛であり、無限の至福であり、無限の歓びであり、無限の豊かさです。

つまり、あなたの人生にたくさんの楽しいことがあればあるほど、あなたは宇宙の周波数と同調しやすくなるわけです。だから今月は、あなたの人生に楽しさや歓びを増やす、ということをやっていきます。

私たちには変化を恐れるところがあります。何かを変えることで、今より不幸に

なってしまうかもしれない。そんなリスクを回避したいと思うからです。

だから、同じことを繰り返し、冒険しなくなります。でも、それって本当に安全なことなんでしょうか？　同じことばかり繰り返しているうちに、人生に新鮮味がなくなり、心も硬直化してしまいます。

人生には楽しいことが、まだまだたくさんあります。今月はあえてその安全地帯を飛び越えて、楽しみを広げる冒険をしていきましょう。

ちなみに、宇宙も決して1つのところにとどまっているわけではないということをご存知ですよね？　宇宙は、現在の人類の技術では、決して出せない超高速で動き、広がり続けています。

その意味では、同じことを繰り返すだけよりも、新しい興味に向かって、どんどん世界を広げていく生き方のほうが、宇宙の在り方とシンクロします。そしてやはり、宇宙の無限の豊かさも流れ込みやすくなるんですよ。

けれども、あなたの歓びの世界を広げるために、何も苦しいことをする必要はありません。ちょっとした好奇心と行動力さえあれば、誰でもできることをするだけです。人生の新しい楽しさや歓びは、ものすごく身近なところにもたくさんあります。

今月の最初のワークは、「飲んだことのないものを飲んでみる」です。いつも同じものばかり飲んでいませんか？　世の中には他にもおいしい飲み物ってありますよ。コーヒーだって、いろんな豆があります。その中で今まで飲んだことのないものを飲んでみるだけでも、あなたの世界は広がります。

よく行くデパ地下だって、行くコーナーは決まっていて、同じものばかりをリピート買いしていませんか？　端から端までじっくり見て歩いたことなんてあまりないんじゃないですか？　3日目のワークにも出てきますが、今まで行かなかったようなコーナーにも行ってみて、今まで買ったことのないお総菜を買ってみたりするんですよ。

こういう身近なところから、あなたの歓びを広げていきます。

次は、趣味の範囲を広げるために、いろんなところへ出かけて、いろんなことを体験してみます。毎日いろんな楽しみを提案していますが、その日にできないものは、予定だけ立てて、後日行ってもいいですし、順序を前後させても構いません。

さらに、今月のワークとして私から提案していることに限らず、やってみたいことがあったら、いくらでもして構いません。

今月のワークで紹介していることなんて、人生の楽しみになり得ることの、ほんの一部に過ぎませんから。

ワークの中にはありませんが、滝に打たれてきたっていいし、災害ボランティアをしに行ったっていいんですよ。なんだっていい。やってみたことのないことをとにかくやってみればいいだけです。

その中できっとあなたにヒットすることがあるはずです。

もっとこの楽しさを追求したい。もっと体験してみたい。もっと学んでみたい。そう思ったら、本格的に、それをあなたの人生の新しい歓びに取り入れてください。

Day 1

飲んだことのないものを飲んでみる

まずは手始めに、今まで飲んだことのない飲み物を飲んでみましょう。たとえばカフェに入った時、いつもオーダーするものではなく、季節限定のスペシャルドリンクをオーダーしてもいいですよね。安全地帯を抜けること自体に意義があります。おいしいかどうかより、この小さな冒険を楽しみましょう。

Day 2

食べたことのないものを食べてみる

今日は、今まで食べたことのないものを、食べてみましょう。ランチの時に一度もオーダーしたことのなかったものをオーダーしてもいいし、今、人気が出始めている巷で人気のメニューを食べてみてもいいです。とにかくあなたの世界を広げる感じがする、そんな新しいものを食べてみてください。

Day 3

デパ地下に行って、高級総菜を買ってみる

デパ地下に行くと、どうしてもお手頃価格のいつものお惣菜を買っておしまいだったりしますよね。今日はちょっと奮発して、ホテルメイドや、一流料亭の高級総菜を買ってみましょう。高級総菜ってどんな味がするのか？　やっぱり値段が張るだけあって、お味が違うはず。そんなちょっとした背伸び体験も楽しんでください。

Day 4

デパートの高級ブランドショップを巡ってみる

デパートのハイブランドブショップって、なんとなく足がすくんで、入りづらくないですか？　そこを今日は堂々と巡り歩いてみる。普通の売り場にある商品とどう違うのか？接客してくれる販売員はお客様に対してどういう接し方をするのか？　今日はこっちが品定めするつもりで、ハイブランドの世界を体験してみてください。

Day 5

作ったことのない料理を作ってみる

今日は、あなたが食べたいと感じる、これまで作ったことのない料理作りに挑戦してみてください。作ってみると意外にカンタンで、しかもおいしくできたりします。それによって料理することがもっと楽しくなり、レパートリーも広がり、生活そのものもさらに楽しくなってきます。

Day 6

知らない道を散歩する

自宅の近所にも、実は知られざる景色のいい場所や、きれいな花が咲いている道があったりします。今日は今まで歩いたことのない道を散歩してみてください。その時、地図を見ないで、カンに従って歩いてみる。この「カン」ナビゲーションは宇宙とつながっているので、思わぬ発見がきっとあるはずです。

Day 7

今まで読まなかった分野の本を読んでみる

世の中には知的好奇心をくすぐることが、たくさんあります。つまり、あなたがまだ開けていない楽しさの扉があるということ。今日は、いつもは読まないけれど、ちょっと面白そうだと感じる分野の本を読んでみてください。図書館に行って、様々な本を物色して借りてもいいですね。きっと楽しさの世界がさらに広がりますよ。

9 month 人生

Day 8

テレビの趣味の講座を見てみる

テレビでは、いろんな趣味の番組をやっています。手芸・料理・園芸・語学などなど、あなたがちょっと興味を感じる番組を見てみてください。「あっ！　これだったらやってみたい」「なんか面白そう♪」。そう感じる講座がきっとあるはず。心が惹かれた講座は、テキストを買って受講してみるのもいいと思いますよ。

Day
9

塗り絵をしてみる

子どもの頃、アニメの主人公の塗り絵をしたことがありませんでしたか？　あれって、結構熱中できるんですよね。最近は大人の塗り絵というものがたくさん売り出されています。本屋さんで見てみて、試しに1冊買ってきてやってみてください。あなたの色彩感覚が呼び覚まされるかもしれませんよ。

Day
10

ふらりと映画館に行って、好きな映画を見る

映画はたいてい何を見るか決めてから行きますよね。でも今日は、行ってから何を見るか決める。話題作を見てもいいですが、あなたが心惹かれる映画を見てみることをおススメします。そのなんとなくコレって思ったものこそが、魂の求めていることだったりするからです。さて、どんな映画に出会えるでしょうか？

Day 11

美術館に行く計画を立てる

美術館にも、大規模な美術館もあれば、特定の画家の絵だけを展示している美術館もあります。何が展示されているかで選んでもいいし、その美術館の建物の建築美や立地から選んでもいいです。ゆっくり美術鑑賞を楽しむ計画を立ててください。どの美術館を選ぶかも、もちろんあなたのカンナビゲーションに従ってください。

Day 12

動物園に行く計画を立てる

動物園で動物たちを見ていると、ふと動物たちと心が通じ合えたかのような気分になることがあります。上野動物園のような大規模な動物園でもいいし、サファリパークのようなところでもいいです。近所の公園に併設されている小動物園でもOK。あなたが行ってみたいと感じる動物園に行く計画を立ててください。

Day 13

好みとは違うジャンルの音楽を聴く

自分が今までロック一辺倒だったら、今日はクラシックを聴いてみてください。FMで聴いてもいいし、レンタルショップでCDを借りてきてもいいし、YouTubeで検索して聴いてもいいです。とにかくいつもはあまり聴かないジャンルの音楽を聴いてみてください。意外にその魅力にはまるかもしれませんよ。

Day 14

お芝居を見てみる

演劇でもいいし、ミュージカルでもいいし、宝塚でもいい。なんならサーカスでもいい。今まで興味がないこともなかったけど、一度も見たことのないものを見てみてください。BS放送でもときどき放映していることがありますし、DVDを借りてもいいと思います。直接行けたら行ってみるのもおススメです。

Day 15

スポーツ観戦をする計画を立てる

スポーツに全く興味のない人こそ、1回生でスポーツを見に行ってみてください。スポーツ観戦が趣味の方は、今まで見たことのないスポーツを観戦する計画を立ててください。もし直接見に行けない状況なら、テレビ中継を見てもいいですし、DVDを借りてきてもいいです。スポーツの面白さという扉を開けてみてください。

9 month 人生

Day 16

体を動かす単発の講座に申し込んでみる

ヨガでもいいし、太極拳でもいいし、フラダンスでもいいです。ちょっとやってみたいなあと思いながら、後回しになっていた体を動かす単発講座とかお試し体験などに申し込んでみてください。やってみて楽しいし、気持ちいいし、自分に合うなあと思ったら、続ければいいです。何事もまずは体験です。もちろんオンライン受講もOKです。

Day
17

興味のあるセミナーに申し込んでみる

スピリチュアルなセミナーでもいいし、収納やインテリアなどのセミナーでもいいです。少しでも興味を感じるセミナーがあったら、申し込んで、実際に参加してみてください。内容があなたの生活の役に立つだけでなく、参加することでエネルギーが動くので、常に拡大し続けている宇宙の周波数とも同調しやすくなりますよ。

Day
18

大型の生活雑貨店に行ってみる

大型の生活雑貨店には、生活を快適にしてくれる便利製品や、趣味を楽しむための道具があふれています。今日は今まで立ち寄らなかったコーナーにも行ってみてください。そこには、生活を楽しむための新しいタネが潜んでいるかもしれません。新しいもの、見たことのないものに触れるだけでも、エネルギーが活性化します。

Day 19

大きなホームセンターに行ってみる

ホームセンターの水道用品に売られている水道の蛇口コーナーって、行ったことがありますか？　こんなにいろんなカタチのものがあるんだって感動します。家の水道の蛇口を変えてみたくなるかもしれません。工具コーナーにも面白工具がたくさんあります。今日は売り場をくまなく歩いて、あなたの知らない世界を探訪してみてください。

Day 20

大きなインテリアショップで家具を見てみる

街の家具屋さんではなく、できれば大きな家具屋さんや、輸入物の家具を扱うインテリアショップに行ってみてください。「目の肥やし」という言葉がありますが、芸術品のような家具を見ているだけで、美的センスがアップします。もちろん家の中に置きたい家具を発見したら、購入してもいいです。

Day 21

大きな家電店に行って、様々な新製品を見てみる

どんどん便利な家電の新製品が出ています。世の中の家電がいかに進化しているか、どんな新しい機能を持つ製品が出てきているのか、お店の人からも教えてもらってください。優れた家電製品は、生活をラクに快適にしてくれます。もちろん購入してもいいですし、見聞を広げるだけでもいいです。

Day 22

楽器屋さんに行って、いろんな楽器に触れてみる

今日は楽器屋さんに行って、いろんな楽器に触れてみてください。近くに楽器屋さんがない場合は、後日行く計画を立ててもいいです。楽器に触れてみるだけでも世界が広がります。もしかすると、演奏してみたいと感じる楽器があるかもしれません。それはきっと運命の出会いです。ぜひ習ってみてください。

Day 23

画材屋さんに行って、いろんな画材に触れてみる

画材屋さんは文房具屋さんと違って、見たこともない美術専門の道具が売られています。いろんな絵の具やパステル、ペン、紙、筆などなど、思わずこれを使って絵を描いてみたいと感じたなら、またしてもそれは運命の出会いです。早速画材を買って、家に戻って絵を描いてみてください。眠っていたアートの才能が目覚めますよ。

Day 24

ここまでの経験を踏まえて、興味のあることを最低2つ選ぶ

ここまで様々な新しい体験をしてきました。その中であなたが特に惹かれたことはなんでしょう？　もっと極めてみたい、もっと深めてみたいと思った体験はなんでしょう？　それを今日は最低2つ選んでください。たくさんあるという方は、もっとたくさん選んでもいいです。それらを人生の新たな楽しみにしていきましょう。

Day 25

興味のあることを
もっと楽しむ方法を探す①

たとえばインテリアにとても強く惹かれたとしたら、インテリアコーディネーターの勉強を始めるとか、インテリアコーディネートの本を買って学ぶとか、インテリアを学ぶセミナーに申し込むとか、どんなことができるのか調べて、さらにその楽しさを追求する方法を探し、どれをやるか決めてください。

Day 26

興味のあることを
するための道具を買う①

あなたの興味のあることを追求するために、必要な道具を購入しましょう。たとえばコンサートに行くことを趣味にしたいのだとしたら、会場で使うオペラグラスを買ってもいいし、次に見に行くコンサートチケットを購入してもいいです。とにかく趣味を楽しむための道具や機会を購入しましょう。

Day 27

興味のあることをもっと楽しむ方法を探す②

25日目と同様、もう1つの興味のあることを追求するために、どんなことができるのか調べてみてください。習いに行かなくても、YouTubeの中に、参考になる動画がたくさん上がっていたりしますし、ブログでもそのテーマについて書かれているものがあります。それらも含め、どうすればもっと追求できるか調べてみてください。

Day 28

興味のあることをするための道具を買う②

26日目と同様、その興味のあることを楽しむために必要な道具を購入してください。パステル画がやりたいなら、パステルを購入することになると思いますが、いろんなメーカーがあり、色相もちょっとずつ違います。実際に画材屋さんに行って試し描きなどしながら、納得できるツールを買いましょう。

Day
29

新しい趣味を楽しむ①

「これがやりたい」って決まったし、どうやって追求するかも決まったし、道具も買ったなら、後は楽しむだけでしょ。好きなことは絶対にやったほうがいいです。たとえ忙しくても、楽しむための時間をしっかり取ったほうが、周波数も上がり、公私ともに開運しやすくなります。これからは遠慮なく楽しんでください。

Day
30

新しい趣味を楽しむ②

29日目と同様、もう1つの趣味をどんどん楽しんでください。1人でやるのもいいですが、思い切ってサークルに入ると、そこで気の合う仲間とも出会い、さらに人生に楽しいことが増えるかもしれません。人生には楽しいことが多ければ多いほどいい。あなたは人生をとことん楽しんでいいのです。

9か月目の振り返り

❋ 思い切り今月の自分を褒めちぎってください ❋

❋ 気づいたことや感想を書きましょう ❋

❋ 毎日続けたいと思うワークや変化をメモしましょう ❋

STEP 3

宇宙といよいよツーカーになる

10th month

宇宙に意志を放ち、現実化を促進する

さあ、STEP3までできましたよ。いよいよここから宇宙のより高度でより深い恩恵を受け取るフェーズに入ります。

10か月目は、あなたの意志を宇宙に放ち、最高の人生を共同創造していくワークをやっていきます。あなたはこれまで、神社で願い事をしたり、新月の願い事をしたりしていたかもしれませんね。

でもね、ここまできたら、もう願い事なんていらないんですよ。宇宙にはお願いする必要もなければ、すがる必要もない。あなたの意志を強力に放つだけでいいんです。

「私はこういうことをやります」「私はこっちを選びます」「私はこういう人生を生きます」、こんなふうに強く決意したら、そのエネルギーを凝縮し、眉間の中央から、レーザービームのように放ち、宇宙の真っ芯に向かって命中させる。そんなイメージを持って、あなたがこれから実現させると決めたことを、宇宙に放てばいいんです。

ですが、肝心なのは、何を放つかなんです。宇宙に放つレーザービームの威力は、あなたが自分の真の幸せに気づき、それを生きると決めた時最強になり、まさに宇宙の真っ芯に突き刺さります。そして宇宙は待ってましたとばかりに、ありとあらゆるものを動かし、全速力で現実化させていきます。

ところが、私たちは自分にとっての真の幸せが何か分かっていないところがあるんですよ。たとえば、子どもの頃から、弁護士になることが幸せになることであり、最高の人生だと教え込まれてきたとしますね。すると、本当は絵を描いている時に最高に充実感と幸せを感じているのに、弁護士になることが幸せだと勘違いしてしまったりします。その状態で、弁護士になることを宇宙に放ったとしますね。

いくら自分では強く決意したつもりでも、魂は同意していないんですよ。だからパワーが落ちる。でも、それでいいんですよ。真の幸せを感じられないことなんて、実現しないほうがいいですから。

10
month

ですから今月は、まず自分にとっての真の幸せが何か、はっきりさせるワークから入ります。あなたにとっての真の幸せはどんなことよりも重要なことです。ここさえしっかり定まっていれば、その上で何を宇宙に放とうと、宇宙に命中していきます。

実は、あなたの周波数が上がり、ますます宇宙の周波数と同調するようになれば、あなたの意志が宇宙の意志となり、宇宙の意志があなたの意志となっていくのです。

今はまだそこまで行っていないかもしれませんが、最終的には「決めて放つ」ことすら、いらなくなります。毎瞬魂の聖なる衝動に従って、今、最高に楽しいと思えることをやっているだけで、願わなくても叶うというか、勝手にうまくいく境地に至ります。そこに至るためには、やっぱり、自分にとっての真の幸せがなんなのかに気づいていることが欠かせないことなんですよ。

最初の1週間で、様々な角度から、自分にとっての真の幸せをはっきりさせます。

そして、真の幸せが腑に落ちたところで、真の幸せに基づいて、人生の様々な側面をどうするか決めていきます。

そして決めたことを宇宙に次々放っていきます。でも放ってそれで終わりではありません。宇宙もあなたのために動いてくれますが、あなたも自分自身のために動きましょう。それが宇宙との共同創造なんですよ。

どんな小さなことでもいい。「こうする」と決めたことを現実化させるために、行動を取ってみるんです。その行動が実際に功を奏するかどうかは、実はどっちでもいいんですよ。先月もお伝えしましたが、宇宙は超高速で動き、今この瞬間も拡大し続けています。だからあなた自身も動くことで、ますます宇宙とシンクロし、ますます宇宙のあらゆる豊かさが流れ込むようになります。

あなたが自分にできることをしていれば、宇宙は想像を超えるところから幸運を放り込んでくれます。私自身、何度もそういう体験をしています。

ですから、余計な期待をせずに、自分にできることをしてみてください。

そうすれば、ある日突然、想像を超えた展開が起こるでしょう。

今月のワークは、人によっては、自分に問うてもすぐに答えが見つからないかもしれません。その場合は、無理に1か月で終えようとせずに、時間をかけてください。時間をかけてでも、これらのワークをすることで、人生は劇的に変わるでしょう。

Day 1

何をやっている時、ゴキゲンになるか書き出す

あなたは何をやっている時にときめき、ウキウキしてきますか？　どんなにささいなことでもいいです。思いつくままにノートに書き出してください。あなたがゴキゲンでいる時、あなたは宇宙の周波数と同調しています。ですから何が自分をゴキゲンにするのかはっきり認識できると、ますます宇宙とツーカーになりやすいです。

Day 2

何をやっている時、くつろぐか書き出す

次は、何をやっている時、くつろぎ、癒されるか、思いつくままにノートに書き出してみてください。すぐに思いつきそうな入浴中など以外に、よくよく振り返ってみると、人と笑顔で挨拶を交わす時とか、洗い立てのタオルに触れた時など、小さな癒しの瞬間もあるはず。あらゆる癒される瞬間を思い出してみてください。

Day 3

何をやっている時、熱中できるか書き出す

時間を忘れて熱中できて、しかもやった後、疲れが全くないことってあるはずです。今の生活だけでなく、これまでの人生全体を振り返ってみてください。子どもの頃に熱中したこと、青春時代に熱中したこと。生まれてから今日までの中で、熱中していたと感じることをすべて書き出してください。

Day 4

何をすると元気になるか書き出す

落ち込んでいる時に、あの曲を聴くと元気が出るとか、あの本を読むと奮い立つとか、あの風景を見ると頑張ろうと思えるとか、あの人と話すと勇気が出るとか、そんな経験ってありませんか？　これも今の生活だけでなく、これまでの生活を振り返って、とにかく少しでも元気が出たと思うことを全部書き出してください。

Day 5

どんな時、充実した気分になるか書き出す

あなたが満ち足りた気分になる時は、どういう時ですか？ 1日が終わってベッドに入る瞬間？ 何かを成し遂げた時？ それとも日々こうして生きていられること自体に充実感を感じているでしょうか。人に認めてもらった時以外で、あなたが充実感を感じられるのはどういう時か書き出してください。

Day 6

どんな時、触発されるか書き出す

目からうろこが落ちる瞬間を、これまでにあなたも経験したはずです。あるいは、思わず自分もやってみようと、やる気が起こる瞬間もあるはず。こんなふうに触発されるのは、どういう情報に触れた時や、どういう状況になった時でしょうか？ 思いつくことをすべてノートに書き出してみてください。

Day
7

どんな人が好きか、思いつくまま書き出す

あなたが惹かれる人はどういう人ですか？　どういう人と会うと、素敵だなあ、ああなりたいなあという気持ちになりますか？　どういう人といると素直に自分らしくいられますか？　理想の人物像ではありませんよ。あなたが感覚的に好きだなあと思える人がどういう人なのか、思いつくままに書き出してみてください。

Day
8

1～7日目を読み返し、自分にとって何が真の幸せなのか書き出す

ここまでの1週間、書き出したことを、すべて読み直してください。結局、自分が求めている真の幸せとはなんなのか、うっすら見えてきましたよね。今日は自分にとっての真の幸せをはっきりさせましょう。あなたが一番知る必要のあることはこれであり、これに従って人生を創造し直す時、すべての豊かさが流れ込みます。

Day 9

朝、8日目の「自分にとっての真の幸せは〇〇です」と宣言する

8日目ではっきりした自分にとっての真の幸せを、はっきりと言葉にしましょう。そして、「私にとっての真の幸せは〇〇です」と宇宙に向かって宣言しましょう。〇〇の部分は長い文章になっても構いません。魂に響く言葉を選び、ノートに大きく書いて、読み上げてみてください。ブレそうになった時は、いつでも唱えてみてください。

Day 10

真に幸せを感じられる場所は具体的にどんな場所か書き出す

あなたが真の幸せを貫いて生きるのだとしたら、どんな場所に住むのがベストでしょうか？　周囲の環境や、そろっていてほしい施設、具体的な地名が浮かぶなら、その地名も書き出してください。思い浮かぶままどんどん書き出し、真に幸せを感じられる住む場所がどういうところなのか明確化してください。

Day 11

宇宙に10日目の場所に住むと明確に伝える

真に幸せを感じられる場所がはっきりしたら、自分はそういう場所に住んでいいんだと許可してください。どうせできるはずがないとか、ただの夢だと思わないでください。絶対にそういう場所に住むのだと強く意図し、宇宙に向かってあなたの決意を伝えてください。その瞬間から宇宙の導きが始まります。

Day 12

10日目の場所に住むために具体的に取れる行動を1つする

宇宙に宣言して、それで終わりではありません。三次元であなたが行動を起こすことで、宇宙との共同創造のスイッチが入ります。できることならなんでもいいです。その土地のマンションに住むなら不動産屋さんに内覧の申し込みを入れたり、実際にその土地を見に行く計画を立ててもいいでしょう。

Day 13

真に幸せを感じられる家はどんな家か書き出す

住む場所が決まったら、次はどんな家に住んだら、あなたにとっての真の幸せを感じられるか、思いつくままにどんどん書き出していきます。一戸建てかマンションか、どんな広さで、どんな間取りか。さらに、内部のインテリアはどんなテイストか、窓から見える景色は？　ありありと思い浮かべられるくらい詳しく書き出してください。

Day 14

宇宙に13日目の家に住むと明確に伝える

11日目と同様、自分はそういう家に住んでいいんだと許可してください。あなたはそれだけの家を受け取るだけの価値のある人なんです。だから13日目で、ありありとイメージできたんです。ときめきとともに「私はこういう家に住む」という決意を、眉間からレーザービームを放つイメージで、宇宙の真っ芯に命中させてください。

Day 15

13日目の家に住むために具体的に取れる行動を1つする

12日目でお伝えした通り、三次元であなたが行動を起こすことで、宇宙との共同創造のスイッチが入ります。自分のお気に入りのハウスメーカーの住宅を見学に行く計画を立ててもいいし、今の住まいを、できる限りその状態に近づけるために、模様替えをしてもいいと思います。楽しみながら行動開始してください。

Day 16

真に幸せを感じられる生活スタイルを具体的に書き出す

今日は、公私の中のプライベートな生活が、どういう生活スタイルなら、あなたは真の幸せを感じられるかについて自分に聞いてみてください。朝起きる時間、朝起きたら何をしたい？　朝食は？　仕事から家に戻ってきたら、どんな時間の過ごし方をしたい？　平日と休日それぞれ、思いつくままに書き出し、明確化してください。

Day 17

宇宙に16日目の生活スタイルで生きると明確に伝える

16日目で書き出したことを読み返してみてください。そしてただの理想と、本当にそうしたいと感じていることの違いをしっかり見極めてください。理想は絵に描いた餅です。自分の中でこういう生活スタイルが幸せだと腑に落ちたら、宇宙の真っ芯に向かって、私はこういう生活スタイルにするという決意を命中させてください。

Day 18

16日目の生活スタイルにするために具体的に取れる行動を1つする

今から早速そういう生活スタイルに切り替えましょう。後回しにするなんてナンセンスです。今日からすぐにできることを始めましょう。1つと書いてありますが、1つと言わずできることを全部やってもいいんですよ。でも無理のないように、最低1つでも継続していけば、それをきっかけに、どんどん幸せを感じられる生活スタイルに移行できるでしょう。

Day
19

真に幸せを感じられる仕事のスタイルを具体的に書き出す

真に幸せを感じられる生活スタイルが決まったら、今度は仕事のスタイルを決めましょう。企業で仕事をするほうがいいのか？　自分が会社を経営したいのか？　それともフリーランスがいいのか？　雇用形態だけでなく、稼働時間や稼働日、どんな労働環境かなど、能力を最大限発揮できる仕事スタイルを書き出し、明確化してください。

Day
20

宇宙に19日目のスタイルで仕事をすると明確に伝える

人間にはその人に合った仕事のスタイルというものがあります。そのスタイルで仕事をする時、最高のパフォーマンスを発揮します。ですから社会の発展のためにもあなたに合う仕事のスタイルを選んだほうがいいんです。遠慮せずそういう仕事スタイルを取るという決意を、宇宙に向かって放ち、命中させてください。

Day 21

19日目のスタイルで仕事をするために具体的に取れる行動を1つする

自分にとって真の幸せを感じられる仕事のスタイルは、今の仕事のスタイルとは違っているかもしれません。でも、少しでもそのスタイルに近づけることを、今日からやりましょう。それによって、今の仕事のパフォーマンスも確実に上がってくるでしょうし、やがて、そのスタイルで仕事できるようになるでしょう。

Day 22

真に幸せを感じられる仕事を具体的に書き出す

さあ、いよいよあなたが真に幸せを感じられる仕事がどういう仕事なのかはっきりさせていきますよ。何があなたの天職で、どんな仕事をすれば心から幸せを感じられるのか、これまでの10か月間のワークを通して、あなたの中で、きっと見えてきているはず。遠慮せず、どんな仕事をしたいのか書き出し、明確化してください。

Day 23

宇宙に22日目のような仕事をすると明確に伝える

そんなことできるはずがないと思うことは、もう卒業していますよね？　そういう仕事ができたら、とっても幸せなんですよね？　夢中でやれるんですよね？　あなたにそれだけの才能があるから、あなたは22日目のワークで書き出せたんです。自分は絶対にその仕事をするんだという決意を、強く宇宙に放ってください。

Day 24

22日目のような仕事をするために具体的に取れる行動を1つする

何を仕事にしたいか決まったなら、それを具体化するために、そういう仕事をしている人の話を聞く計画を立ててもいいし、その仕事を始めるために必要な知識を学んだり、必要な道具を買ったりしてもいいでしょう。具体的に動き出すことで、確実にあなたはその仕事ができるようになり、豊かさも受け取れるようになるでしょう。

Day 25

真に幸せを感じられる人間関係を書き出す

公私ともに、真の幸せを感じるためには、どんな人間関係だったらいいでしょう？　家族はどういう関係？　親友や仲間、サポーターはどうでしょう？　その人たちとの距離感や関係性はどうあることがベストですか？　あなた自身はそういう人たちとどんなふうに関わりたいですか？　自由に書き出し、明確化してください。

Day 26

宇宙に25日目のような人間関係にすると明確に伝える

25日目で書き出した、家族、親友、仲間、サポーターそれぞれについて、結局どういう関係であればいいのか？自分は彼らとどう関わりたいのか、明確化しましたよね。あなたはそういう人間関係に恵まれていいのです。それだけの価値のある人です。今日はその決意を宇宙に向かってこれまで同様に宣言し、放ちます。

Day 27

25日目の人間関係にするために具体的に取れる行動を1つする

あなたにとって真に幸せを感じられる人間関係がはっきりしたのですから、今日から早速そのための行動を取りましょう。家族や身近な人に対する接し方にもっと愛を込めてもいいし、友だちや仲間との出会いを求めて、人間関係の6か月目にやったことを振り返り、もう一度やってみてもいいでしょう。

Day 28

自分が人生をかけて実現したいことを書き出す

ここまで様々な側面にわたって、あなたにとっての真の幸せを感じられる人生の見取り図をはっきりさせてきました。これらをすべて読み直して、結局、あなたが人生をかけて実現したいことはなんなのか、見えてきているはずです。今はおぼろげながらでもいい。今分かっている範囲のことをすべて書き出してください。

Day 29

宇宙に人生をかけて実現したいことを明確に伝える

この先、あなたが人生をかけて実現したいことが見えてきたら、意識の向きをそちらに向け続けることが大事です。その延長線上でもっと明確化するでしょう。今分かっている範囲でいいですから、あなたが人生をかけて実現したいことがなんであるか、あなたの意志を宇宙にしっかりと伝えておいてください。

Day 30

人生をかけて実現することのために具体的に取れる行動を1つする

人生をかけて実現したいことが見えてきた今、その実現に一歩でも近づくために、今できることはなんでしょう？すごいことをやろうとしなくてもいいです。確実にできる小さなことでもいいんです。その小さな一歩が、あなたの未来を大きく開く、偉大なる一歩の始まりです。必ず実現すると信じて踏み出しましょう。

10か月目の振り返り

◆ 思い切り今月の自分を褒めちぎってください ◆

◆ 気づいたことや感想を書きましょう ◆

10
month

◆ 毎日続けたいと思うワークや変化をメモしましょう ◆

11th
month

宇宙の叡智を使いこなす

10か月目で、あなたにとっての真の幸せがはっきりしました。そして人生の方向性も定まり、その決意も宇宙に放ちました。あなたはよくぞこのワークをクリアしました。自分を褒めたたえてください。11か月目は、さらに深く宇宙とつながりましょう。そして、宇宙の無限の叡智を活用できるようになっていきましょう。

あなたは、自分のことをこよなく愛してくれて、あなた以上にあなたを理解していて、なんでも知っていて、なんでも教えてくれて、あなたにとって最善の世界を一緒に創造してくれる人がいたら、最高だと思いませんか？

それが宇宙なんですよ。宇宙は「人」なんて超越していますから、それ以上です。

しかも宇宙はなんの見返りも要求しません。情報提供料も、カウンセリング料も、何も取りません。すべて無料です。
これがどんなにすごいことか分かりますか？
あなたが宇宙とのつながりを取り戻すということは、宇宙にあるこうした無限の豊かさを活用できるようになるということです。
ここまで10か月間も様々なワークをしてきたあなたなら、きっとそれができるようになるはずです。
宇宙の叡智を受け取るための基本は、やっぱり頭をカラッポにすることです。
頭をカラッポにすると、宇宙とのつながりが取り戻されるので、宇宙の叡智が降りてきやすくなるんです。
1か月目で、頭をカラッポにする初級的なワークをいくつかやりましたが、今月は、日常的にいつでも頭をカラッポにする練習をします。日常生活の中で頭をカラッポにできるようになると、カンが研ぎ澄まされてきます。そのカンを実際に使ってみる練習もします。
いよいよその後に、テーマを決めて、宇宙からその深遠な叡智を受け取る練習をしていきます。

受け取った叡智を記録するための、「宇宙の叡智ノート」も用意してください。

頭がカラッポになっている時は、通常の意識状態とは違う変性意識状態になっています。ですからその時は、叡智の内容を理解していても、通常の意識状態に戻ると、なんだったか忘れてしまったりするんですよ。

それってもったいないですよね。だから、忘れないうちにメモしておくんです。メモすることで、脳が通常の意識状態に戻っても、その情報がちゃんと残ります。

さらに、受け取った叡智を、ＳＮＳなどを通じて、外の世界に向かって発信してください。受け取った叡智をみんなにシェアすることで、受け取った叡智の理解がさらに進み、明確化します。それだけではありません。アウトプットすることで、さらに新たな叡智が流れ込みやすくなります。

コロナ禍の中、ネットの活用を求められるようになりましたよね。これからの時代はそれがますます加速していくでしょう。ですからＳＮＳが苦手だという方も、これを機に、できるようになったほうが後々助かると思います。家族や友人に教えてもらいながら、あなたの新しい楽しさの世界を広げると思ってトライしてみてください。

今月は、様々なテーマを設けて宇宙の叡智を受け取るということをやっていきますが、あなたの受け取ったことと、他の人が受け取ったことが違う内容であることも珍しくありません。

なぜなら、あなたが受け取る叡智は、基本的にあなたのための叡智だからです。あなたに必要な叡智だと言ってもいいかもしれません。

日常的に宇宙の叡智を受け取れるようになってくると、そこに一貫したテーマがあることに気づきます。ノートの記録を読み返せば、きっとそのことに気づくでしょう。それがあなたの人生の方向性とも関連しています。

さらに、せっかく叡智を受け取ったら、それを人生に生かしてください。それを生きてください。それが本当の意味で叡智を受け取るということなんです。

今月のワークを通して、ますます宇宙とのつながりを深め、いつでも宇宙からの叡智を受け取れるようになってください。その恩恵は、計り知れないほど大きいです。

Day 1

頭がカラッポになりやすい状態をはっきりさせる

私たちはもともと宇宙とひとつです。あなたの頭の中の雑念がない状態なら、もともとのつながりが取り戻されている状態になります。今月は宇宙の叡智をどんどん受け取っていきます。ですので、ここまでのワークを振り返って、どういう時に自分の頭がカラッポになるのか、もう一度整理しておいてください。

Day 2

1分間頭をカラッポにする練習をする

ここまで様々なワークをやってきたあなたなら、だいぶ集中力が上がっているはずです。今日は試しに、1分間、頭をカラッポにしてみてください。もしも何か頭の中に考えが浮かんできたら、その考えを追わずにスルーする。頭に考えが浮かんだら失敗ということではありません。意図的に頭をカラッポにする練習をするだけです。

Day 3

3分間頭をカラッポにする練習をする

今日は昨日からさらに時間を延ばして、3分間、頭をカラッポにしてみてください。雑念が浮かびそうなら、ゆったりした音楽に耳を傾けることに集中してもいいし、呼吸に意識を向け続けてもいいです。さて、頭をカラッポにするとどういう気分になるでしょう？　その感覚もじっくり味わってみてください。

Day 4

朝起きた時に5分間、頭をカラッポにしてみる

朝起きたばかりの時は、雑念が浮かびにくいゴールデンタイムです。トイレに行った後でもいいし、個室のトイレのほうが集中できるというなら、トイレの中でやってもいいです。今日はさらに時間を延ばして5分間、頭をカラッポにしてみてください。そして、昨日と比べてどんな感覚の違いがあるか感じ取ってください。

Day 5

夜寝る前に5分間、頭をカラッポにしてみる

寝る前に寝具に座り、灯りを消して、5分間、頭をカラッポにしてみてください。寝具で横になってやるのではなく、座った姿勢でやってください。朝の5分間とはまた違った感覚になるでしょう。頭をカラッポにした後に眠ると、とてもよく眠れます。時には寝起きに宇宙からメッセージを受け取ることもあります。

Day 6

日常生活の中で、一瞬で頭をカラッポにする練習をする

頭をカラッポにする感覚にだんだん慣れてきたと思います。今度は朝起きた時とか寝る前などの比較的集中しやすい時間ではなく、日常の中で一瞬にして頭をカラッポにする練習をしてください。わずか10秒でもいいです。たとえ10秒であっても、その瞬間あなたは宇宙とのつながりを取り戻しています。

Day 7

「私は宇宙の無限の叡智を受け取ることができる」と唱える

頭をカラッポにする感覚にもだいぶ慣れたでしょう。あとは、自分がその状態で宇宙から無限の叡智を受け取ることができると信頼してください。その信頼を確かなものにするために、この言霊を、魂を込めて唱えてください。

Day 8

後いくつで信号が青になるか、頭をカラッポにして数字を受け取る

さあ、だいぶいい感じになってきましたよ。今日から4日間は、あなたの直感がどのくらい研ぎ澄まされてきたか、遊び感覚で試してみましょう。今日は赤信号の時に、後いくつ数えたら青に変わるか、その数字を直感的に受け取ってみてください。そして実際にカウントし、どのくらいの精度か試してみてください。

Day 9

スーパーでどこにあるか分からない商品を、カンに従って探してみる

スーパーに行って、どこにその商品が置いてあるのか分からない商品を、カンに従って探してみてください。最初にどっちの方向にあるか感じてみます。さらにどの陳列棚にあるか感じてみます。頭で考えてこっちだという答えを出しそうになったら、それは一旦脇に置いて、ひたすらカンに従って動いてください。

Day 10

目の前の車が、左折するか右折するか、感じてみる

自分が運転している時に、目の前の車が次にどっちに曲がるのか、その気配を感じ取ってみてください。車を運転しない方は、エレベーターの停止階数表示を見ずに、最初に来るエレベーターがどれか気配を感じてみてください。そしてどういう時は当たり、どういう時は外れるか、その違いにも気づいてください。

Day 11

初対面の人が、どんな風貌か透視してみる

透視っていうと、なんだか超能力者のように思えるかもしれませんが、実は特別なことではありません。たとえば、今日電車で最初に隣に来る人が女性か男性か。さらに、その人の年代は？　髪型は？　この程度のことを、頭をカラッポにして感じてみてください。当てようとせずに、ひたすら感覚に集中することがポイントです。

Day 12

「宇宙の叡智ノート」を作る

11 month

さて、ここまでウォーミングアップをしっかりやったあなたは、もう宇宙の叡智を受け取れるだけの筋肉が温まっています。ここから先は、具体的にテーマを決めて宇宙からの叡智を受け取っていきます。今日はそのための「宇宙の叡智ノート」を作ってください。あなたのテンションの上がる手の平サイズの素敵なノートを選んでください。

Day 13

夜寝る前に宇宙に「豊かさについて教えてほしい」と伝えてから寝る

いよいよ最初のテーマです。今日は豊かさとはなんなのか？ どうすれば豊かさをもっと受け取ることができるのか？　宇宙に聞いてみてください。夜寝る前に宇宙に問いを投げかけ、すぐに戻ってくる場合もありますが、寝起きやもっと後に受け取ることもあります。焦らず、宇宙を信頼して待っていてください。

Day 14

13日目に受け取った叡智をノートにメモする

豊かさについて、宇宙から受け取ったメッセージを、なんでも「宇宙の叡智ノート」に忘れないうちにメモしてください。寝起きにメッセージを受け取ったり、夢でメッセージを受け取ったりすることも多いので、ベッドのすぐそばにノートとペンを置いて、いつでもメモできる態勢を整えておいてください。

Day 15

13日目に受け取った叡智を SNSに投稿する

さて、あなたが受け取った叡智を、ノートに書いておしまいにするより、その情報をSNSを通じて外に向かって発信してみてください。それによってますます宇宙からの叡智が流れ込みやすくなってきます。それに、人に伝えようと書いているうちに、さらにそのメッセージの意味を深く理解することにつながります。

※SNSでの投稿は匿名や非公開でも構いません。

Day 16

夜寝る前に宇宙に「愛について教えてほしい」と伝えてから寝る

今日は、愛について教えてほしいと宇宙に投げかけてみてください。愛というだけでは漠然としている気がするなら、たとえば家族と愛のある関係を築くにはどうすればいいのかとか、宇宙の愛と人間の愛の違いは何かとか、具体的に質問してもいいです。とにかく愛に関して知りたいことを聞いてください。

Day 17

16日目に受け取った叡智をノートにメモする

受け取るメッセージは、人によって違います。宇宙はその人にとって一番大事で、一番必要なことを教えてくれます。ですから、人と同じでなくてもいいんです。今は全く意味不明でも、後からピンとくる場合もあります。あなたが受け取った叡智を、「宇宙の叡智ノート」にとにかく全部書いておいてください。

Day 18

16日目に受け取った叡智をSNSに投稿する

15日目同様、今度は愛について、宇宙から受け取ったメッセージがどんなものだったか、SNSなどを通して、外に向かって発信してください。きっとこの世界には、その情報を必要としている人がいるはずです。情報を分かち合うことも愛です。人に愛を分かち合うことで、愛はますます大きく循環していきます。

Day 19

夜寝る前に宇宙に「真の成功について教えてほしい」と伝えてから寝る

今日は、真の成功について宇宙に聞いてみてください。きっとそれは、世間で言うようなお金持ちになって有名になるということとはちょっと違うはずです。自分が成功するために何ができるかということを聞いてみてもいいですよ。言葉ではなく映像で受け取る場合もあります。あらゆる可能性に対してオープンでいてください。

Day 20

19日目に受け取った叡智をノートにメモする

19日目に受け取った、真の成功とは、どういうことでしたか？　言葉で受け取ったこと、映像で受け取ったことなど、全部書き出します。ここまでくると、もう言葉も映像も超えて、エネルギーの塊のようなものとして受け取り、言語化せずに、一瞬にして理解できるようになるかもしれません。それらすべてをノートにメモしてください。

Day
21

19日目で受け取った叡智を
SNSに投稿する

19日目に受け取った情報をSNSに投稿しようと作業を始めた途端に、さらに新たな情報が降りてくることもあります。さらには、受け取った時には意味が分からなかったことが、実はこういう意味だったのだとハッとする場合もあります。外に向かって発信することは、そんな能力も高めてくれます。これも続けていくことで、ますます感度が上がります。

Day
22

夜寝る前に宇宙に「アセンションについて知りたい」と伝えてから寝る

今日はアセンションについて宇宙に聞いてみてください。アセンションとは意識の次元上昇のことです。それはどのように起こるのか？　そのためにする必要のあることはなんなのか？　なんでもいいです。あなたがアセンションついて知りたいと思うことをなんでも自由に宇宙に投げかけてみてください。

Day 23

22日目に受け取った叡智をノートにメモする

さて、宇宙はどんなメッセージをくれたでしょうか？　もしも、まだ受け取れていない気がしたら、1日ずっと心の中にアセンションというキーワードを置いておいてください。そうすれば、誰かの言葉や、たまたま見た本を通して、情報を受け取れる場合もあります。そのプロセスも含めてノートにメモしておいてください。

Day 24

22日目に受け取った叡智をSNSに投稿する

受け取った情報を、SNSに投稿しましょう。アセンションは壮大なテーマです。言葉で定義できることを超えたものです。でもそれをあえてあなたが感じたことを元に、言葉にして表現してみてください。絵に描いて表現してもいいし、音楽として表現してもいいです。一番フィットする表現をしてみてください。

Day 25

日常の中で、頭をカラッポにして宇宙の叡智を受け取る

ここまではテーマを設けて、それについて宇宙に聞いてみました。ここからは日常の中で、なんでもこのことについて聞いてみたいと感じたことを、6日目で練習したように、一瞬頭をカラッポにして、宇宙に投げかけてみてください。こうしていつでも聞きたいことを気軽に宇宙に聞き、どんどん宇宙とツーカーになってください。

Day 26

25日目に受け取った叡智をノートにメモする

あなたが日常の中で、宇宙にちょっと聞いてみたいと思ったことについて、宇宙はどんな答えをくれましたか？　ここまで練習してきたあなたなら、一瞬にして「あっ！　そうか！」ってピンとくるようになっているかもしれませんね。そのあたりの変化も含めて、ノートにしっかりメモしておいてください。

Day 27

25日目に受け取った叡智を SNSに投稿する

日常の中でサッと受け取った宇宙の叡智はどんなものだったでしょうか？　あなたが今や気軽に叡智を受け取れる状態になったこと、実はそれほど難しいことでもなかったということも含め、SNSに投稿してみてください。これで今月はワークとしてのSNS投稿は終わりですが、ずっと続けていってもいいんですよ。

Day 28

「宇宙の叡智ノート」を読み返し、宇宙の意図をメモする

ここまで様々なことについて、宇宙から叡智を受け取ってきました。それらをもう一度全部読み直してみてください。そうすればそこに宇宙の意図があることに気づくでしょう。ノートを読んでいる間にも新たな叡智が降りてくるかもしれません。その深みを今日は堪能し、もちろんノートにメモしてください。

Day 29

頭をカラッポにした状態で、宇宙と対話する

夜寝る前ではなく、日常の中で時間を取って、頭をカラッポにし、宇宙と気楽につながってみてください。そして聞きたいことを聞いて、その場で叡智を受け取り、さらに、とても愛にあふれた信頼できる賢者と対話するように、自由に対話してみてください。今のあなたら、きっとそんなこともできるはずです。

Day 30

宇宙の叡智を人生に生かす

宇宙はなぜあなたに叡智を与えてくれるのでしょうか？それは、あなたがより満たされ、より自由になり、より幸せになり、その歓びを世界に広げていくためです。つまり、その叡智を人生に生かしてこそ意味があるのです。今まで受け取った叡智もこれから受け取る叡智も、人生に大いに生かしていってください。

11か月目の振り返り

✦ 思い切り今月の自分を褒めちぎってください ✦

✦ 気づいたことや感想を書きましょう ✦

11
month

✦ 毎日続けたいと思うワークや変化をメモしましょう ✦

12th
month

宇宙の創造の源から時空を超える

とうとう最後の月になりましたね。ここまで本当によくやってきました。あなたは今や、宇宙とかなりツーカー状態でしょう。人生のあらゆる側面に対して、宇宙からの恩恵を受け取れる体質に変わってきているはずです。

さあ、最後の月である今月は、高次元の見えない世界にもアクセスしましょう。

頭をカラッポにすると、宇宙とのつながりが取り戻される状態になるわけですが、その状態は、三次元にいるあなたに向かって、宇宙から叡智が流れ込む筒がクリアになっている状態と言ってもいいかもしれません。

今月はさらにそこから意識の次元を上げ、宇宙の創造の源とひとつに戻ります。

「えっ？　そんなことなんてできるの？」って思われるかもしれませんね。もちろんできます。頭をカラッポにすることに慣れてきたあなたならきっとできるでしょう。
意識を宇宙の創造の源まで上げる手順をご説明しておきますね。

1. 背筋を伸ばして座り、脚を組まずに、両足の裏を床につけます。
2. 両手の平は上に向けて、膝の上に置きます。
3. ゆっくりと深呼吸しながら、頭をカラッポにします。
4. 目の前に白い大きな光の玉がやってきて、その光の玉があなたを包みます。光の玉はどんどん上昇していき、巨大な白い光の中に吸収されてしまいます。
5. それが宇宙の創造の源です。もう「私」という意識もぼやけ、創造の源とひとつになっています。

この宇宙の創造の源は、時間も空間も超えたすべてです。ですから、ここからあらゆる時空に飛ぶことができます。今月はこの状態から様々な時空に飛んでワークをしていきます。創造の源から三次元に戻るには、1～5を逆戻りすればいいです。光の玉に包まれて、今度は三次元に向かって下降するということですね。
実際に日々のワークをやりながら、時空を超えて意識を飛ばすことに慣れていってください。

時空を超えるということは、過去にも未来にも飛べるということです。過去の自分にも、未来の自分にも会えますし、亡くなった人の意識ともコンタクトできます。

さらに、三次元上の人だけでなく、高次元の光の存在である、ハイヤーセルフ*注①や、天使、マスター*注②などともコンタクトを取ることができます。

また人の背景なども察知できるようになります。けれども他者の背景に関しては、あなたにその人に対する愛がなければ、つながれません。ただの興味本位では周波数が低すぎて、時空を超えられません。またご本人が絶対見せたくないと思っていることは、スクランブルがかかるので、見えません。そういう意味では個人情報も守られているとも言えますね。そのあたりのことも、実際にやりながら感じてみてください。

さらに、今月も時空を超えた体験や、そこで受け取った情報は、まず自分のノートに詳しくメモしてください。そしてよろしければぜひ、SNS等を活用してアウト

＊注①ハイヤーセルフ…三次元の自分とつながっている高い次元にいる自分
＊注②マスター…あなたを助けてくれる高次元の存在

プットしてください。先月にもお伝えしましたが、人に伝えることで、さらにあなた自身の体験が深まり、その体験の本当の意味を理解できるようになるからです。

でもここまでくると、もう、自分の体験の整理という意味だけではなくなります。なぜあなたが、時空を超える体験をするようになったのかといえば、もうあなたが自分だけのために生きる人ではなく、宇宙のメッセンジャーとして、人の幸せにつながる情報を発信できる影響力を持つ人に進化しているということでもあるのです。

何もチャネラーとして生きることがあなたの使命という話をしているのではありませんよ。あなたが何を実現させるのか決め、それを宇宙に放ち、実現を加速させ、叡智を活用してさらに前進し、時には時空をも超え、ますます宇宙とひとつになって共同創造している。その生き様そのものが、人の目を開かせ、触発し、その人がまた宇宙とのつながりを取り戻すことに、貢献するようになるのです。

でもね、これで終わりじゃない。まだまだ先があるんです。

それに関しては、あなた自身で探求してください。あなたになら、きっとできます。

12
month

Day 1

「大丈夫ポイント」につながる

深い深呼吸を1回します。その間、ずっと頭をカラッポにします。すると、たったそれだけで心が平安になります。その状態を「大丈夫ポイントにつながっている」と私は表現しています。この感覚を忘れないでください。今日は1日の中で何度か、この大丈夫ポイントにつながって心を落ち着かせてみてください。

Day 2

宇宙の創造の源まで意識を上げ、時空を超える感覚をつかむ

「大丈夫ポイント」につながったら、その後、自分の意識が白い光の玉に入り、そのまま宇宙の創造の源まで上昇し、大きな白い光の玉に吸収され、ひとつに溶けてしまうイメージングをしてください。ひとつに溶けてしまうと、今まで感じたことのないような至福に包まれます。その心地よさも感じてみてください。

Day 3

宇宙の創造の源に3分間、とどまってみる

今日も2日目でやったことを復習します。同じように白い光の玉の中に入って、意識を上昇させ、そのまま創造の源まで行ってひとつに溶けてしまってください。そして、3分間くらい、そのままでとどまってみてください。その時、「すべてがある」ことに気づくでしょう。気づくというよりもそれそのものとなるでしょう。

Day 4

宇宙の創造の源に5分間、とどまってみる

12 month

3日目からさらに発展していきます。3日目同様、白い光の玉の中に入って、意識を上昇させ、そのまま創造の源まで行ってひとつに溶けてしまってください。5分間ひたすらその状態でいることで、さらに深く深くひとつとなり、今度はそこに時間も空間もないということが、理屈を超えて腑に落ちるでしょう。

Day 5

時空を超えて 過去の自分に会いに行く

創造の源には、時間も空間もありません。「ひとつ」なんです。創造の源まで意識を上昇させることで、意識レベルで時空を超えることができるようになります。過去のあなたにも時空を超えて会いに行けます。傷ついたまま癒されていない過去の自分に会うと強く意図し、会いに行き、どんな様子か見てください。

Day 6

過去の自分を癒す

5日目の要領で、過去の自分に会ったら、今まで置き去りにしていたことを謝ってください。そして、過去の自分に言いたいことを全部言わせてあげてください。その気持ちをすべて受け止めます。全部受け止めたら、「これからはずっと一緒だよ。一緒に幸せになろうね」と声をかけ、深い愛を込めて抱きしめてあげてください。

Day 7

6日目の体験を「宇宙の叡智ノート」に詳しくメモする

6日目の体験を、思い出して「宇宙の叡智ノート」に詳しく記録してください。書くことによって、あなたの体験がさらに深まり、過去の自分との統合も進みます。さらに、宇宙の創造の源にアクセスして時空を超えるということがどういうことなのか、その感覚もよりつかめるようになります。

Day 8

6日目の体験をSNSに投稿する

過去の自分に会いに行って、癒したこの経験を、またSNSに投稿してみてください。もしもプライバシーに関わるので公表できない内容だったら、非公開で投稿してもいいです。人に伝えようとして書くことで、この体験に関わるあなた自身の理解を深めることが一番の目的ですから、公開・非公開は自由です。

Day 9

時空を超えて、亡くなった人に愛と感謝を伝える

今度は、時空を超えて、もうすでに亡くなってしまっている人に、愛と感謝を伝えに行きましょう。誰に会いに行くのか、愛と感謝の他に何を伝えたいのか決めたら、5日目でやった時と同じように創造の源にアクセスします。そしてその人に会ってみてください。きっと生前よりももっと深く愛の交流ができるはずです。

Day 10

9日目の体験を「宇宙の叡智ノート」に詳しくメモする

9日目の体験も、同様に「宇宙の叡智ノート」に詳しく記録してください。時空を超える感覚が、前回と比べてどう違っていたか、自分以外の過去の誰かに会った時、相手はどうしていたか、どんな話をしたか、話してみてどんな気持ちになったか、ありのままにあなたの体験したことを記録してください。

Day
11

9日目の体験をSNSに投稿する

9日目の体験をSNSに投稿します。公開・非公開の選択も自由です。ノートにメモしていた時よりも、人に分かりやすく伝えようとして書くことで、この体験があなたの中で深まります。書きながら、その時には気づかなかったことに気づくことも多いです。分量が多くなったら、2回シリーズにしてもいいですね。

Day
12

時空を超えて、最高の人生を生きている未来の自分に会いに行く

12
month

創造の源は時空を超えていますから、過去だけでなく、未来にも意識を飛ばせます。しかし、未来はあらゆる可能性がパラレルワールドに広がっている状態です。その中の、最高の人生を生きている自分に会いに行ってください。そしてどうしたらそんな人生を送れるのか話を聞き、軽くノートにメモしておきます。

Day 13

12日目の体験を「宇宙の叡智ノート」に詳しくメモする

最高の人生を生きている未来の自分は、きっとあなたにとってとても役に立つことを教えてくれたはずです。昨日のメモを見ながら、最高の自分はどういう生活をしていたか、どうやってそんな生活ができるようになったのか、あなたへどんなアドバイスをしてくれたかなど、詳しく書き出してください。

Day 14

12日目の体験をSNSに投稿する

12日目の体験をSNSに投稿します。公開・非公開の選択も自由です。12日目に聞いたことに対して、最高の人生を生きている未来の自分が、まるでそこにいるかのように臨場感のあるドラマ仕立てで書くのも面白いでしょう。投稿することであなたの貴重な叡智になるだけでなく、たくさんの人の役に立つと思いますよ。

Day 15

初対面の人の背景を感じてみる

今日は初対面の人の背景を感じてみます。創造の源は時空を超えているので、そこまで戻れば、目の前にいる人の過去や背景に意識を飛ばすこともできます。でもこれはただののぞき見の周波数ではできません。目の前の人への愛がある時、やっと見えてきます。ぜひ愛を持って取り組み、何を感じたか、軽くメモしておいてください。

Day 16

15日目の体験を「宇宙の叡智ノート」に詳しくメモする

15日目のワークはなかなか難しい体験だったかもしれません。つながる前提として、相手への純粋な愛がないとできないからです。うまくいかなかったとしたら、何がその要因になっていたか？　おぼろげながらもつながった時は、何が違っていたか？　そして背景を見た時何を感じたのか？　あなたの感じたことを詳しくメモしてください。

Day 17

15日目の体験をSNSに投稿する

15日目の体験をSNSに投稿します。人の背景なので、有名人や誰か特定できる人の場合は、非公開にします。どんな背景が見えたかということよりも、自分自身の意識の変化によって見える見えないが変わることや、人の背景を見たことで、相手に対する自分の気持ちがどう変わるのかに焦点を当てて投稿してみてください。

Day 18

ハイヤーセルフにつながってみる

今日は六次元にいて、いつもあなたをサポートしてくれているハイヤーセルフにつながってみましょう。いつも通り、まず創造の源につながってから、ハイヤーセルフにつながると意図します。会ったら名前を聞いたり、今のあなたに必要なメッセージを受け取ったり。自由に対話し、軽くメモしておいてください。

Day 19

18日目の体験を「宇宙の叡智ノート」に詳しくメモする

18日目のワークはこれまでとはまた違う体験だったと思います。ハイヤーセルフにつながった瞬間どんな気持ちになったのか？　どんなふうに見えたのか？　どんな格好をしていて、どんな表情だったのか？　そして何を話したのか？　すべて素晴らしい体験です。忘れないように細かくメモしておいてください。

Day 20

18日目の体験をSNSに投稿する

18日目の体験をSNSに投稿します。公開・非公開の選択も自由ですが、あなたのプライバシーに関わること以外は、ぜひ公開してください。誰にでもハイヤーセルフがいてサポートしてくれているし、誰でもつながることができるという事実は、他の人にも力を与えられるからです。ぜひこのことを伝えてください。

Day 21

大天使につながってみる

大天使ってご存知ですか？　よく知らない方は、あなたを守護してくれている大天使とつながると意図するだけでいいです。大天使とつながったら、ハイヤーセルフの時と同様に出会った時の感覚から風貌、そしてあなたに必要なメッセージなどを受け取ってみてください。そして忘れない程度に軽くメモしておいてください。

Day 22

21日目の体験を「宇宙の叡智ノート」に詳しくメモする

21日目の体験を、19日目のハイヤーセルフの時と同様に、詳しくメモします。つながった瞬間の印象や風貌、どんなメッセージを受け取り、どんな対話をしたのか？　ハイヤーセルフと大天使では、つながってみてどんな違いがあったか、それともそんなに違わない気がしたか？　あなたの感じたことを詳しくメモしてください。

Day 23

21日目の体験をSNSに投稿する

21日目の体験をSNSに投稿します。大天使も決して遠い存在ではありません。みんなすべての人のサポートを歓んでしてくれます。あなたがSNSに投稿すると伝えたら、あなただけでなくすべての人へのメッセージもくれるかもしれません。アウトプットすることで、光の存在たちとのつながりもさらに深まります。

Day 24

好きなアセンデッドマスターに会ってみる

今度はキリストや聖母マリア、仏陀、サナトクマラなど、あなたの好きなアセンデッドマスター[*注]とつながってみてください。なんでも聞きたいことを質問し、自由に対話してみてください。アセンデッドマスターは、ハイヤーセルフや大天使ともまた違う個性があります。それらも含め、軽くメモしておいてください。

＊注アセンデッドマスター…亡くなった後、転生せずに昇天した高尚な魂を持つ人々。宇宙からあなたを導いてくれる存在

Day 25

24日目の体験を「宇宙の叡智ノート」に詳しくメモする

出会った瞬間の印象や風貌。どんな対話をして、どんなメッセージを受け取ったのか？　そのマスターの個性をどんなふうに感じたのか？　また、ハイヤーセルフや大天使とはどう違う感じがしたのか？　ここまでいろいろな光の存在とつながってみた感想なども含めて、感じたことや体験したことを詳しくメモします。

Day 26

24日目の体験をSNSに投稿する

24日目の体験をSNSに投稿します。これもまたあなたのプライバシーに関わること以外はぜひ公開しましょう。アセンデッドマスターは結構個性があって面白い存在です。この投稿も臨場感が出るように、ドラマのシナリオ仕立てでいきましょうかね。そろそろあなたの投稿にファンがついてくる頃ですね。

Day 27

宇宙の創造の源につながり、地球に光を流してみる

今日は、いつも通り、宇宙の創造の源につながったら、そこから地球に向かって光を流してみましょう。今のあなたにならきっとできるはずです。遠くに遠くに見える豆粒のような地球に向かって強力に光を注ぐイメージをするだけです。愛の光でも、平和の光でも、好きな光を送り、どんな感じがしたか軽くメモしておいてください。

Day 28

27日目の体験を「宇宙の叡智ノート」に詳しくメモする

地球に光を送っている瞬間、どんな感じがしたのか？　あるいはどんな感じと言えるようなことは超越していたのか？1人の人間に戻ってきた時、どんな感じがしていたのか？これまでの自分と今の自分に、どんな違いを感じているのか？　などなど、ここまでやってきた感想も含めて詳しくメモしてみてください。

Day 29

27日目の体験をSNSに投稿する

27日目の体験をSNSに投稿します。公開・非公開は自由ですが、これもできれば公開しましょう。そして宇宙とつながることがどんなに面白くて素晴らしい体験なのかも、ここまでの体験も踏まえて、ぜひシェアしてください。誰もが宇宙とそもそもひとつであり、誰もがその恩恵を受け取れることも、ぜひ伝えてください。

Day 30

好きな時空に自由に飛んでみる

ここまで宇宙の創造の源まで意識を上げ、時空を超える様々な体験をしてきました。最終日の今日は、自分でどういう時空に飛ぶか決めて、自由に飛んで、自由にその体験を楽しんでください。そしてもちろん、その体験をノートにメモしてください。SNSにも、よろしければ投稿してください。

12か月目の振り返り

✦ 思い切り今月の自分を褒めちぎってください ✦

✦ 気づいたことや感想を書きましょう ✦

✦ 毎日続けたいと思うワークや変化をメモしましょう ✦

12
month

Special work

5日間の奇跡のスペシャルワーク

1年後の自分を決める

あなたは、ここまで３６０ものワークをやってきました。本当によくやりました。
ここまでやってきた自分を、思いっ切り褒めてあげてください。

今のあなたは、宇宙ともだいぶツーカーになってきました。
宇宙銀行から、様々な豊かさを引き出せるだけの基盤も整いました。
そして、必要な時には、宇宙とつながって情報やアイディアを引き出すこともできるし、それを活用することもできるようになってきたはずです。
もう、願い事をする必要がないということについては、理解していますよね？
あなたは頼りなくて無力な、ちっぽけな存在じゃない。無限なる宇宙とひとつであり、無限なる宇宙と共同創造できるパワフルな存在なんです。

だから、願うのではなく、「決めて、宇宙に放つだけでいい」。あとのことはどうなろうと、何が起ころうと、宇宙におまかせすればいい。急かしたり、コントロールしようとしたりして、宇宙の邪魔をしない。そのことも、これまでのワークでやってきましたよね。

決めて放ったら、あなたは、魂に従って、毎瞬やりたいことをやり、幸せでいること。

そうすれば、宇宙が縦横無尽に力を発揮し、思い通りなど超えた、思った以上の展開をもたらしてくれるでしょう。

最後の5日間は、ここまで開いてきたすべての力をフル活用して、1年後の自分を「決めます」。

創造の源まで意識を上げ、1年後、最高に輝いている自分のビジョンを見に行ってください。そして、そこで見たことに近い家や、仕事ぶり、人間関係などの写真を、コルクボードなどに貼り出して、できる限りビジュアライズしていきます。

さらに、その実現のために、どういう能力を開けばいいのか、そのために何を心がければいいのか、今から何をすればいいのか、それらのことを宇宙からアドバイスしてもらってください。もちろん、1年後の自分からアドバイスをもらってもいいですよ。

そして、そうなると決めて宇宙に放つ。教えてもらったことは実際に行動に移していきます。

この先は、あなたが宇宙と共同創造するフェーズに入ります。こちらから、今日はこのワークをしてくださいと、いちいち指示することもありません。

でも、あなたはもう、わかるはずです。

「今、何をすればいいのか？」
「必要なものはどうすれば宇宙から引き出せるのか？」
「どんな情報を宇宙から引き出せばいいのか？」

この1年間で、あなたはそれらのことができるようになっているはずです。
新しい1年は、1日1日、あなたが何をするか決めて、宇宙と共同創造していってください。

Special work

Day 1

1年後の最高に輝いている自分のビジョンを見る

ここまでのワークを通して、あなたは創造の源まで意識を上げて時空を超えるということも、普通にできるようになってきたと思います。ここからのスペシャルワークでは、これまでの集大成として、最高に輝いている1年後の自分を現実化させるということをやっていきます。まず、創造の源まで意識を上げて、1年後の最高に輝いている自分を見に行ってください。1年後の自分は、いったいどんな表情でしょう？　どこにいて、何をやっているでしょう？　どんな生活環境？　どんな人間関係？　健康状態はどうですか？　お休みの日は何をして楽しんでいますか？　年収はどのくらいになっているでしょう？　そして、日々どんな気持ちで過ごしているでしょう？　様子を見るだけでなく、ぜひ1年後の自分と対話もし、見たことや聞いたことを書き出してください。

Day 2

1年後の自分の写真を撮る

あなたが見た最高に輝いている1年後の自分は、きっとはつらつとした表情をし、思い切り自分の魅力を引き立てるような服装をして光を放っていたと思います。それは見せかけの輝きではなく、心から充実した人生を送っている人ならではの、内側から湧き出る光です。今のあなたの生活は、最高に輝いている1年後の自分の生活とは違うかもしれません。でも、その気分を先取りすることならできるはずです。気分を先取りして、周波数を合わせることを心がければ、最高に輝く未来の現実化が加速していきます。

ですから、今日は、最高に輝いている1年後の自分の周波数に同調できるように、ビジョンで見た最高に輝いている1年後の自分と同じ表情をし、できるだけそれと近い服装をし、携帯で写真を撮ってください。その写真を、携帯の待ち受け画面にします。そしてその写真を見るたびに、「最高に幸せで輝いている自分」になり切ってください。

Day
3

1年後の自分をビジュアル化する

今日は、さらに最高に輝いている1年後の自分をビジュアル化していきましょう。まず、2日目で撮った写真をプリントアウトして、A3以上の大きな厚紙かコルクボードの中央に貼ります。そして、その周りに、1年後の生活の様々な側面を、言葉と写真でビジュアル化していきます。たとえば、どんな家で、どこに住んでいるのか、それに近い写真を雑誌やネットで探して貼ってください。さらに言葉でも表現してください。次に、人間関係や仕事ぶり、健康状態、収入、自由時間の楽しみ方、どんなものを購入しているかとか、どんなことに挑戦しているかなども、同じように作業していきます。もちろん追加も自由です。それを見るたびにテンションが上がるように、自由にデコって構いません。そして、その写真も撮り、手帳などに貼って毎日見てください。

Day 4

実現のために必要なことを宇宙に聴く

3日目までで、最高に輝いている1年後の自分をビジュアル化し、その画像を見るたびに、周波数を合わせる環境は整いました。今度は、1年後に、最高に輝いている自分になるために、どういう能力を開けばいいのか？　何を心がければいいのか？　何をすればいいのか？　宇宙に聴いて情報を受け取ってください。もちろん、時空を超えて1年後の自分に再会し、アドバイスをもらってもいいです。それらをすべてノートに書き出します。そして、もっと大事なことは、教えてもらったことを具体的に行動に移すことです。ですから、いつから、どんなふうに実行するのかも、できるだけ具体的に書き出します。そして、本当に行動してください。行動することによって、さらにそのときどきに必要な別の情報も降りてきやすくなります。そして、現実化もますます加速していきます。

Day
5

新しいノートを作る

あなたはここまで、本当によくやってきました、今やあなたは1年前の自分とは別人のようになっていることでしょう。そして、あなたの人生は、確実に最高に輝いている1年後の自分に向かって、動き出しています。ここから先は、あなたと宇宙の共同創造のステージに進んでください。私の導きがなくても、今のあなたなら、毎日宇宙とつながってその日に何をすればいいのかも分かるはず。そんな新しいステージにふさわしい、新しい1年のための「宇宙とツーカーノート」を作ってください。ノートの最初のページには3日目で撮影した写真を貼ります。そして4日目で宇宙や1年後の自分から聞いた様々なアドバイスを整理して箇条書きします。その先はあなたの自由。さて、明日はどんな最高の1日にしましょうか？　宇宙とのダイナミックな共同創造を楽しんでくださいね。

あなたの幸せと成功を、
心から祈っています。

Epilogue

宇宙は、この世のすべてを創造しました。
ですから、この世のすべてを見通し、動かせるのは、宇宙だけです。

宇宙は、
あなたのすべてを理解し、
あなたのすべてを愛し、
どんな時も最善に向かって導いてくれます。
思い通りなどはるかに超えた
思った以上の展開をもたらせるのも宇宙だけです。

それでは最後に質問です。
そんな宇宙に縦横無尽に力を発揮してもらうために、
あなたが心がける必要のあることとはなんでしょう?

それは、

1 宇宙を信頼すること

2 どんな自分も愛すること

3 自分を信頼すること

4 今この瞬間、幸せを感じることに没頭すること

そして、

5 **後は、宇宙におまかせすること。**

ラジャー？

それでは引き続き、最高の人生をお楽しみください♪

Profile

大木ゆきの（宇宙におまかせナビゲーター）

小学校教師、コピーライター、国家的指導者育成機関の広報を経て、スピリチュアルの世界で仕事を始める。「宇宙におまかせして、魂が望むままに生きよう」と決意した時から、八方ふさがりだった人生が突然逆転し、想像を超えたラッキーやミラクルが起こり、自由で豊かな生活を手に入れる。この奇跡をたくさんの人に伝えたいという魂の衝動からワークショップや連続コースを全国で開催。募集開始とともに応募が殺到し、各地で満席状態に。ブログで情報発信を始めたところ、読者が急増し、アメーバブログ2部門で1位となる。現在では月間500万PVを誇る人気ブログに。
数度にわたってインドの聖地で学び、怖れや執着から自由になる「認識を変える光」を流せるようになる。
現在は、執筆が中心となっているが、魂の赴くまま不定期でワークショップも開催している。著書に、『自分神様を表に出せば、人生は勝手にうまくいく』、『宇宙は逆さまにできている！　想像以上の恩寵を受け取る方法』（ともにKADOKAWA）、『宇宙銀行から幸せが雪崩れ込む習慣』（マキノ出版）、『幸せが無限に舞い降りる「お手上げ」の法則』（大和書房）、など多数。

●ブログ『幸せって意外にカンタン♪』
http://ameblo.jp/lifeshift
● facebook
https://www.facebook.com/yukino.ohki

１日１《いちにちひと》つ、実行《じっこう》するだけ！
願《ねが》った以上《いじょう》の未来《みらい》を手《て》に入《い》れる
365日《にち》の宇宙《うちゅう》ワーク大全《たいぜん》

2020年12月 3 日　初版発行
2023年 1 月20日　再版発行

著者　大木《おおき》 ゆきの
発行者　山下 直久
発行　株式会社KADOKAWA
〒102-8177　東京都千代田区富士見2-13-3
電話　0570-002-301(ナビダイヤル)

印刷所　凸版印刷株式会社

●お問い合わせ
https://www.kadokawa.co.jp/ (「お問い合わせ」へお進みください)
※内容によっては、お答えできない場合があります。
※サポートは日本国内のみとさせていただきます。
※Japanese text only

定価はカバーに表示してあります。

ISBN978-4-04-604971-1　C0095